Paris : imagination & réalité

巴黎的
想像與真實

公衛女子的生活觀察札記

陳 凱 潔 著

Table of Contents

目次

Table of Contents

三 目次 三

Chapters

遙想巴黎，回憶自己的生命軌跡

這一年，因為新冠疫情，公衛議題忽然成為近在咫尺的聊天話題。從口罩的搶購，隔離的實施，洗手的推廣，疫苗的研發，到集會的人數，我們忽然對公衛科學對我們每天生活的影響，以及自我生命的渺小與脆弱，有了深刻的體悟。

這一年，也因為新冠疫情，巴黎突然變得遙不可及的陌生城市。雖然就在去年夏天，因為參加歐洲心臟醫學會，我才再次重返巴黎，享受在塞納河左岸，午後慵懶陽光裡的咖啡香。

就在這個遙遠巴黎與近距離公衛的對比中，意外地收到了為這本由公衛女子凱潔執筆，寫下她幾年前在巴黎求學，工作與旅遊的生活拾遺。讀了幾章，就發現細細咀嚼這本書的同時，也是一個把自己從疫情現實殘酷面，拉回到巴黎街頭，在緩緩呼吸中，感受著這個古老城市的自由與執著，浪漫與絢麗的寧靜時刻。

巴黎，這個曾經是人類歷史中最古老的城市，也曾經是世界上最大的城市，直到今日，她仍然是世界上最重要的政治和文化中心。也因此，它除了總是在旅遊與攝影版面上佔有一席之地，探討有關它對於教育、娛樂、媒體、藝術、金融、政治、時尚、科學的影響，這些文字也多到無法勝數。既然如此，我們為何還需要一本探討巴黎的書本？

我的答案很簡單。這本書不是要讓你多認識一點不同面向的巴黎 (雖然這的確是讀完此書的額外收穫)，而是要問你，懇切且溫暖的問你：

「你為何總是讓生活中的美好與你擦身而過？」

「你的生活，除了急著在每一個網美都必須打卡的景點留下屬於你的身影，你還留下什麼？」

認識凱潔，是她在負笈前往巴黎攻讀法國高等公共衛生學院公衛碩士之前的事。她當時讓我印象深刻的是，彈得一手好琴，加上甜美嗓音的女聲高音。果然在她書中的第一章，就是以她熟悉的音樂做為開始，透過爵士酒吧的抒情樂音，緩緩譜出她對巴黎這個美麗城市的第一印象。到了法國音樂節的那個篇章，你會和我一樣，透過她充滿音樂性的文字，忍不住跟著哼著自己都感到訝異的輕快曲調。

等到她回台之後，又聽說她考上了街頭藝人的執照。你也許無緣在台北街頭的夜色中，聽到她那讓你靈魂享受安息的歌聲，但是你絕對可以在讀此書時，聆聽到她在巴黎街頭，穿梭在大街小巷，踏在古老磚塊砌成的馬路上，與生命深層感動相遇的自在旋律。

但是你可別誤會，雖然她的文字讓你感受到巴黎的活力與風采，但是另一方面，你也可以從字裡行間感受到她領受過紮實的公衛領域訓練。加上她曾經在台灣國家衛生研究院及在巴黎參與移民照顧協會的工作經驗，讓她的思路常常會與城市「衛生」、城市「健康」、甚至是美景當下，如何提升整體環境生活品質產生自然的聯結，這可能是你面對疫情時，更需要聆聽的真摯忠告。

當然，身為一個醫療工作者，最讓我激起內心漣漪的，是凱潔用她感受生命的短暫，所寫下的：

　　「永恆的美，填補滿足了短暫虛無的生命」，以及「死亡教我的事：身後的尊榮」。

　　我常常在面對病人生命即將逝去時，感嘆生命的短暫與有限，更感傷有多少人在人生可以自由呼吸的時刻，從未正視死亡一眼，從未反思過人生在一口氣結束之後，到底還留下了什麼。也因此，我鼓勵你在人生因黑暗籠罩而感受到絕望，或是人生因追尋擁有而感受到虛空，你都值得再一次透過閱讀去感受，這位年輕女子對生命的感恩與珍惜，以及找回你在面對死亡時，你應擁有的真實身分。

　　祝福你，還有機會帶著這本書，用你自己詮釋的輕快舞步走訪巴黎。

　　也祝福你，在每早睜開眼睛時，記得書裡提供你的全新眼光，走訪你的人生。

　　「不論路往哪裡走，溫柔地回顧過往，便能更包容接納現在。」

（作者為新竹馬偕醫院心臟內科醫師）

推薦序 _ 何弘能

　　凱潔是我在臺大免疫所的碩士班學生，她畢業後告訴我要到歐洲繼續進修，但並非免疫相關的基礎研究，大概是比較接地氣的實用科學，更可能是被基礎研究之艱澀嚇到了。中間不管是她想短暫的就業或需要申請學校，都會要我幫她寫介紹信，之後很長一段時間沒了她的消息，想必已經穩定下來，也找到她的人生。

　　這個星期突然接到她的信，要我幫她的新書寫推薦序，並且告訴我她現在從事環保相關的工作。我從臺大醫院院長退休後更忙，因為凱潔只給我短短一周的時間，只好利用空檔努力讀完，趕著為她作序。很驚訝凱潔的新書竟然是一本生活札記，雖然是一本旅遊紀錄，大部分是她在巴黎進修時參觀博物館、巴黎海灘（當然是人造的）、不同城市顏色、歐洲盃、中世紀節、凡爾賽軼事、及安錫湖的遊記。書中有不少屬於她自己的生活觀察、自我反省及對大眾健康的批判，是一本值得一讀的書。

　　寫巴黎、法國、歐洲的書太多了。巴黎太美了！歷史、文化、社會、藝術、人都很迷人，我自己就很迷戀它的一切，當然除了髒亂的地下鐵和不時的示威外。我的書架上有不少這類書籍，例如周品慧的「巴黎上車，臺北到站」、Peter Mayer「My twenty-five years in provence」一系列的書，都是令人陶醉的書，現在凱潔再加上一本，希望大家會喜歡它。

（作者為國立臺灣大學名譽教授、臺北醫學大學講座教授）

作者自序

Paris : imagination & réalité

　　每個人前往某個目的地，或多或少一定帶著預備。看了林達的《帶一本書去巴黎》、雨果的《悲慘世界》或奧黛莉·朵杜主演的《艾蜜莉的異想世界》、伍迪艾倫的《午夜巴黎》，還有數不清描述巴黎的作品，讓想像巴黎的模樣逐漸有了形狀，於是我踏上了專屬於自己的，挖掘巴黎之旅。

　　海明威說過，「如果你夠幸運，年輕時待過巴黎，那麼巴黎將一輩子跟著你，因為巴黎就像一場流動的饗宴。」。受盡恩寵的巴黎，確實稱得是華麗的盛宴；只不過，當我在巴黎街巷裡晃遊並深入地生活，發現了那場巴黎華麗的流水席饗宴，並非總是衛生可口。

　　在這座古老的城市裡，有太多過往及現今的交疊錯綜，面臨著無數的可能困境和轉變契機，全都深深影響著生理與心理衛生。有時扎心到令人難以接受，像是開啟鬥爭跟躁動的法國大革命；或是刺鼻難聞到無法直視，例如巴黎這座城市的必要之惡，巴黎地鐵。當我不斷回想著走過的足跡，反映的是自己早已熱愛著這座城市，促使我提筆寫下種種現實，記錄巴黎帶給當地居民的健康效應。

　　巴黎塞納河上總共有 37 座橋，其中最老的那座橋，名叫新橋。我想巴黎之於我，就是既古老卻又新穎的承繼和開始吧。當我走過巴黎後，到訪其他的城市，依然能輕易地找到巴黎的身影，繼續體會著城市生活如何形塑著人們，順道在每個腳步中展開自我對話。

10 ｜巴黎的想像與真實：公衛女子的生活觀察札記｜

以一句話簡化歸類這本書，乍看或許可稱為旅遊類別的短文小品；但請別期待看完後，會得到秘境景點以及私房商店之類的資訊。畢竟我從來沒有期許自己像個旅遊達人一般，那種熱情無比的口碑推薦能力，我差得可遠了。但願這本書帶給你留白的場景，激起了對生活之美的觸動漣漪，重新調整在城市裡奔走的呼吸。

最後，感謝秀威的編輯齊安，在我正好面對無比掙扎的2020年，收到這天外飛來一筆的邀請出書，除了讓我的文字表達上終於長進一點之外，也因為整理著文章而獲得了抽離和沈澱的時間，我很珍惜。

我還要感謝我的爸爸媽媽，一直以來支持和包容我所有的決定，給我自在的空間獨自去摸索，永遠在我感到慌張不知所措時，給我最需要的智慧與安慰。

然後我知道，我會繼續書寫著巴黎。

Paris : imagination & réalité

爵士與巴黎
活在當下的遺忘地窖

　　搬離巴黎後，我發現自己有某種分離症候群上身，不管是巴黎的自由、空氣、陰鬱或陽光，我通通都思念，那是種必須從文字裡回味取暖巴黎的病。分析自己意圖找尋曾被巴黎深深影響的人事物的這種行為，我想起海明威說過的話：

也許離開了巴黎，我就能描寫巴黎了，

一如在巴黎我才能描寫密西根。

... 因為我對巴黎依然不夠熟悉。

——海明威／流動的饗宴

或許我也是這樣呢？當我已離開巴黎、我已移植到他處後，才更有能力去思索關於巴黎的一切。因為我已認識巴黎。

　　前陣子借書時，我不經意看到了彭怡平所著的《巴黎‧夜‧爵士》，當下沒什麼遲疑，迅速把它從書架取下借回家。書中提及了那家我最常去的爵士俱樂部「遺忘地窖」(Caveau des oubliettes)，被歸類在巴黎的新興俱樂部類別。

　　確實，從 2002 年起每晚都有爵士表演的遺忘地窖，相較於一戰後、在巴黎 18 區 Pigalle[1] 附近蔓延出瘋狂年代[2] 必備的激情跟荒謬爵士、或者二戰前後席捲法國的搖擺爵士，遺忘地窖的爵士樂顯得新興而年輕，沒有深厚的輝煌爵士史可現。但對我而言，那窄窄小小又密不通風的遺忘地窖，就是刻畫我在巴黎不同時期進出的經典爵士樂天堂。

音樂讓人遺忘，包括忘了味道

　　遺忘地窖位在巴黎第 5 區。如果以莎士比亞書店作為起點，地窖就在書店旁街弄往南走遇到的小巷再左轉後，第一棟外觀不起眼的房子。

我第一次進去聽音樂，是某個放學後的週五夜晚。那天一路跟著同學晃蕩蕩地走到五區，我們從原本討論的巴黎生活跟美食文化，到最後的話題是教育對一代學子的影響有多深遠。後者或許比較符合拉丁區的氣質，但我聊得相當吃力，用中文都可能打結或表達不清，一心只想著趕快到現場聽表演，就可以閉嘴不社交了。

　　到了店門口才知道，遺忘地窖不僅是個店名而已，還真是個名符其實的地窖。石階一層層往下走，我們進入深處尋找僅有的座位；而畢竟是那太久遠的事了，我完全想不起當晚的音樂走向和細節，只記得薩克斯風手的即興吹奏，在石頭來回反射間，每個音符都意外地清晰可辨，最後再有力地敲擊到大腦中。地窖坐滿了人，加上飽滿音樂環繞，眼前的盛況，絕對無法從它那裝潢單調無聊的一樓酒吧想像。

　　只不過，在地窖裡一群人聊天或飲酒、或聆聽邊叫好的呼吸頻率交錯，全部加起來的味道，叫做潮濕霉臭味。我很討厭潮濕的感覺，地窖正好就是會讓我坐立難安的那種，像少了指紋缺乏摩擦力的手指，讓我無法拿穩東西般侷促不安。

　　雖然不喜歡地下室的潮濕感，但每當我想聽爵士樂時，就必須到遺忘地窖，這過程像是個儀式，我根本抵擋不住。在地窖裡，邊聽邊想著我的音樂夢想，同時訓練自己專注聆聽音樂的能力，視若無睹那不夠宜人的表演環境。惱人的氣味，似乎在起伏的旋律間，從蒼白色石牆的隙縫中逐漸隱沒。

對我而言，莎士比亞書店是巴黎市中心的座標原點。

遺忘地窖的暗黑過往

通常去看表演，我並不特別在乎當次的曲風或表演者。爵士音樂世界大而廣闊，即便我查閱也依舊不認識，反而增加自身見識短淺的事實，這不是羞辱自己嗎。我只想要從中放鬆，不是去做功課的。

即便如此，我通常會不定期去逛逛他們的官方網站，而這說來滿有趣的：遺忘地窖的網頁改版次數之多，完全可以作為一種度量衡，對照我在巴黎生活的各個階段。改版那麼多次，都不及最近一次的版本，網站內頁終於放上遺忘地窖完整的歷史背景，讓我扎扎實實地了解它的來龍去脈。

原來，地窖是在 12 世紀由卡佩王朝的腓力二世 [3](Philippe Auguste) 統治時期下完成的。地窖在當時屬於小城堡 [4](Petit Châtelet) 的監獄，是給皇室的私用監獄。關在裡面的人完全不需要經過法院裁定宣判，送進去後就不可能活著出去、也不知道何時會死。通常那些犯人大多是覬覦皇室財富珠寶的賊，或是想奪皇室生命的刺客，總之，就是跟皇室直接對頭、不要命的人。

腓力二世在法國歷史上重要的成就，是他不斷地透過合併土地來鞏固中央集權，使法國皇室不論對內或對外的影響力都越益壯大。這位國王佔有領地的具體作法，包括了建造巴黎城牆，而那是我認識他的開始。在地鐵站 Saint Paul 附近的聖保羅藝術村 [5](le Village Saint Paul) 對面，可以看到 800 年前、他在位時所建造的城牆。

腓力二世所建圍牆遺跡，在圖片中右側樓房的邊緣（或說樓房另一整面）可見。
此路直走後第一個路口右轉，即抵達聖保羅藝術村的其中一入口。

當時的國王要提高權力，主要方式有兩種：作亂就置其於死地，讓反抗的聲音削弱；以及不斷佔領跟劃設地土，讓王室的聲音加大。這兩種手段，到了當今的民選總統或獨裁軍閥，依然適用。如果上述的聲音歸類成某種恐怖音樂的話，應該就是極度不和諧、時而尖銳時而低頻、無旋律但又揮之不去的音符吧。

突然覺得熟悉的爵士酒吧有股地牢血腥味，好不舒服。根據官網的介紹，從 1920 年起，這個地方成為了一個酒館，地窖裡並且開設了一個專門展示殺人刑具的博物館。裏頭有個最重要的展示器具，是一座曾參與過法國大革命的斷頭台。

忘記背後，努力面前

難以消化的恐怖歷史，跟如今輕鬆隨音樂搖擺的遺忘地窖天差地遠。我最後一次進去地窖是那年的 5 月 4 號，當天是每週三的 Jam soul 之夜，全場曲風帶些搖擺的 Funk，激情中保有著俏皮，然後還是一如既往的坐滿了人。

地窖取名為「遺忘」，或許老闆只是想創造讓人忘卻現實苦悶的單純小世界，在晃頭晃腦聽著音樂的過程中遺忘自己，並遺忘所有生活的不快，就像我最後一次流連的 54 那晚、或是地窖的每個爵士夜晚。又或是老闆確實意有所指，想刻意遺忘它那殘酷至極、地窖石頭都被鮮紅血色染到黑的過往。我寧願選擇前者，沉重到難以迎接明天的過去就把它忘了吧，身心不被過往糾纏，活在當下已足夠。

在巴黎市中心持續 Jam Jazz 的遺忘地窖，累積起來的不只是名氣。已封存的歷史不再被憶起，只專注熱切地期待時光往前推移的每一個瞬間。走入遺忘地窖，我跟其他不相識的陌生人在狹小幽暗的空間裡，樂手在燈火黝暗的舞台上，用音樂拉近了彼此。每個鼓點、每段鋼琴即興、高亢低迴小喇叭跟薩克斯風、互飆樂曲的貝斯跟吉他圍繞在身邊的夜晚，大家好像在一起屬於了什麼似的，那一刻，美得令人感動。

more information

補充

1. Pigalle：在巴黎第 19 區，是以夜生活聞名的巴黎紅燈區。20 世紀初的 Pigalle 聚集了不少才華洋溢的美國爵士樂手在此，開啟了屬於巴黎的爵士世代。

2. 瘋狂年代 (Années folles)：指的是法國在一戰之後的 1920 年代，進入爵士樂大流行的繁榮時期；除了音樂之外，那是個各種藝術、社會運動、建築與文學也都蓬勃發展的高峰期。

3. 腓力二世 (Philippe Auguste)：卡佩王朝的指標性國王，在他的統治年代，巴黎逐漸擴張，加大了在政治及軍事戰略上的影響力。

4. 小城堡 (Petit Châtelet)：於 9 世紀建於巴黎左岸的防禦型小城堡，在 1782 年被拆除。

5. 聖保羅藝術村 (le Village Saint Paul)：隱藏於瑪黑區裡的小村，走進去後，感覺跳躍了時空，人已不在巴黎似的。環境幽靜低調，有雜貨店、骨董店，還有幾家不錯的法式餐廳。

巴士底

革命歷史留給你

　　提到巴士底，必定會想到法國國慶日 (Fête nationale française)。然而對於我來說，我所認識的巴士底與歷史無關，和慶典沾不上邊，一切純粹從口腹之慾開始。

　　那年大學剛畢業，到巴黎來一場畢業旅行的我，在巴士底廣場旁的咖啡館，正猶豫著該買什麼東西填飽肚子。思索一陣子後，決定點個法式三明治。等待的過程裡，飄來飄去的雙眼找到了停歇的角落，終於安心定住：我望著地上交錯互補色形的沁涼方形地磚，跟當天的溫度配搭起來超合。那是個有著陽光灑入咖啡館的午后，溫暖的天空藍陪伴在我身後。等了好久，三明治終於到手，當下我覺得自己不僅買了食物，也擁有了一抹光影絢爛的巴黎。

　　離開咖啡館後，我走在有點凌亂的巴士底廣場，不安地看著來來去去的車輛；廣場中間有個大圓柱子[1]，上頭有個像天使的雕像，那是我當時對巴士底最後的印象。

巴士底廣場中心的七月圓柱 (colonne de Juillet)。

後來我再踏上巴黎，還住了那麼段時間，進進出出巴士底
好多次，但我已找不到那家擁有跳色磁磚地板的咖啡館，倒是
發現更多有特色的小酒館或咖啡廳，遍布在巴士底廣場四周小
徑。我喜歡跟朋友約在巴士底見面，找個戶外座位後開始暢談
時事，述說近況或分享信仰，就像巴黎在地人的模樣。他們悠
哉的生活全拿去花在前往咖啡館的路上，不然就是人已經在咖
啡館裡度著日常點點滴滴。

巴士底是把鑰匙，提到它就打開了法國近代史。只是我對歷史總是東拼西湊的説不清，倒是可以快速説出在巴士底區的食記很多則。法文的「歷史」這詞是 histoire，也有「故事」之意；想要看故事，必須近距離仔細地看，近到跟著斑駁的書頁翻進了歷史。巴黎處處是歷史，我一定有機會循著舊書的氣味身歷其境。

巴士底考古遊

　　在我還不懂得如何唸出巴士底正確的法文發音 Bastille 前，已經知道巴士底地鐵站裡有處遺跡。那是在 1905 年建地鐵 5 號線時，挖掘過程中發現的巴士底監獄壕溝。我從來沒有刻意繞去看，直到某次跟朋友吃完川菜小館後，一群人興致一來，一塊走到地鐵 5 號線開往南邊的月台，遙望對面往北邊月台那保留下來的石塊。

　　這種保持距離的遠遠觀望，其實等於沒有看過。

　　巴士底位於巴黎第 4 區、第 11 區還有第 12 區的交界，地理位置介於權力中心和市井生活之間。往西邊走不久便可抵達巴黎市政府 (Hôtel de Ville)，沿路有巴黎中世紀風情濃厚的瑪黑區；往東或北是巴黎居住密度最高的第 11 區，展現著巴黎市民的日常生活多元而豐富的地方。

　　悠閒無事時，我經常從巴士底沿著 Rue Saint-Antoine 走往市政府的方向。往馬路兩邊的幽幽小道探索去，總能輕易發現無數寧靜像幅畫的街景，好像它們老早就迎接著我，淬煉幾百年只為了這個見面。路上所揉合的顏色並不耀眼，但和諧且耐看，令我步伐越來越慢，捨不得離開。

對於多數人來說，提到巴士底而聯想的詞彙，不外乎代表革命、奔向自由、從極權進入平等、黑暗邁向光明。每年的法國國慶日 7 月 14 號，巴黎都以白天衛兵、憲兵、各類士兵行走香榭大道為開頭，晚上則在鐵塔舉辦演唱會、加上燦爛耀眼的煙火作結，從來沒有聽過有人說要去巴士底紀念或是緬懷什麼。

　　或許，已經擊垮的巴士底監獄，就是給予法國人代代相傳最重要的革命血液最大的敬意吧。

　　巴士底監獄因為革命而消失了，剩下的空地後是現在的巴士底廣場；一旁的巴士底歌劇院 (opéra Bastille)，則是廣場周圍其中一個醒目的代表建築物。我對那現代造型打造的前衛劇院毫無興趣，進而導致我從來沒有進去看表演的欲望。

瑪黑區某條靜靜舊舊的小街道。

當然，最重要的原因是因為大多數的演出我並不懂，語言能力實在有限。通常我看的演出不是音樂就是芭蕾，原因只是因為，那些是不需任何說話橋段的藝術表演。例如有次我在巴黎歌劇院觀賞了齣現代芭蕾舞劇《公園》(le Parc)，故事敘述著男女情感與關係的張力跟衝突。看著他們舞動的身影，底下的我解讀自由不受語言拘束，講得出口自己花兩個小時在劇院裡到底經歷了甚麼，而不必為了聽整場的法文，感到心煩意亂。

說回醜陋巴士底歌劇院吧。有次跟朋友到那兒買票，第一次如此靠近它，那一刻我發現，原來它並沒有我想像的那麼糟——如果進入其中、而不看外表的話。就像當初批評艾菲爾鐵塔的莫泊桑說，他必須在巴黎鐵塔上吃飯，因為那是唯一看不到醜陋鐵塔的地方。原來，我擁有如巴黎人一樣重視整體美感的審美。

果然，浸淫在故事中，會被故事感染，以為自己也是個角色。

法國大革命馬賽克磚，在巴士底 1 號地鐵線月台。

紀念巴士底 紀念存留的一切

　　巴士底地鐵站除了 5 號線月台邊保留了監獄遺跡，在 1 號線月台牆面上，還有著裝飾鮮豔色彩的精緻馬賽克磁磚，述說法國大革命的故事。每次我搭乘 1 號線，從車裡望向月台時，磁磚的色調總讓我感覺大革命潔白且美好純粹，好像明亮激情的小狗圓舞曲，華麗轉身幾次，優雅浪漫地為結束劃下光榮句點。

5 號月台上所標出的巴士底監獄壕溝護牆。

　　但革命怎麼可能美好。歷史是這樣敘述的：1789 年 7 月
14 號的巴黎，一群巴士底城牆外，憤怒至極已沒有理性的暴
民，準備要攻佔監獄。這完全跟爭取自由平等說來體面的理
由，扯不上任何關係。根據當時紀錄，7 月 14 號攻打巴士底
監獄的當下，裡面關的犯人只有 7 個，都不是什麼來頭不小
的犯人；因此以釋放重要人物作為伸張正義的理由，似乎也
很牽強。

　　王權及貴族的怒火已經澆不熄了，巴士底於是注定成了
犧牲品。

　　有次搭車經過巴士底，準備轉乘地鐵 5 號線，走在月台
的我只管低頭踏著自己的步伐。突然我看到地上有條標誌，
上面寫道：壕溝護牆 (L'ancien mur de contrescarpe)。剎那間，
歷史與現實層層疊疊如同不停襲來的浪潮擊打著我，感官一
股強烈衝擊。

那是我第一次好好看著法國大革命。歷史在來往的人群底下，靜靜地躺著，被人踩來踩去。故事隨便任何人、包括我，任意挖走。我抬起頭，就在我眼前不到 3 公尺的距離，看見巴士地監獄壕溝的殘存石塊，帶給我的衝擊不是滄海桑田，而是深入扎實地活在當下。

法國人擅長的解析、批判跟反省，在已於革命中消失的巴士底監獄前演示了一遍：解析當時為什麼革命、批判革命帶來甚麼、反省革命奪走了甚麼，每個來龍去脈都仔細梳理，最後並樂意攤開故事，透明地讓人一看能明白。

這浪潮在地鐵列車到站時戛然而止。我跟著其他人準備走進車廂，而我的身體另一個部分，成為了某個參與法國大革命的角色。她還在城牆那裡，還正在經驗一切超過感官所及的震撼。

巴士底新意象 民以食為天

我在巴黎生活的後期，巴士底意外地成為美味生蠔的代名詞。這得話說當時我哥哥嫂嫂到法國度蜜月，最後一週他們待在巴黎，找上我這個業餘巴黎通帶領走訪巴黎大小街巷。

那是星期天，我們到巴士底逛路邊市集[2](Marché Bastille)。走著走著，我們的視線共同落在遠處的生蠔攤。看著老闆細心俐落地切開超大顆牡蠣，把肉跟殼之間的組織劃開、方便客人食用；遠處負責端著生蠔盤的女老闆，則是左手拿著白酒，對著已將盤中生蠔解決光光的客人，朝向空殼緩緩將酒倒入。

我們很有默契地停下腳步，最終連吃了兩盤。第一盤吃完後欲罷不能地加點，那鮮甜美味到會讓人上癮。生蠔的體型是

沒在客氣的肥美，多汁滑溜的口感，我感覺自己吃了後眼睛都打開了，沒逛到這一攤前，眼睛都是瞎的。

那絕對是我在巴黎嚐到最好吃新鮮的生蠔，沒有之一。在普魯斯特的《追憶似水年華》裡，他不斷地用食物勾勒出記憶裡的美好片刻；對我來說，巴士底的生蠔就是標誌我對這個場域的特殊印記。雖然吃生蠔的樣子，好像比普魯斯特優雅的瑪德蓮蛋糕粗魯了些。

巴士底豐富了我的眼界，不在於過去的歷史，更多的是我用我的腳步與這地相遇而生的故事。不論是排隊等歌舞劇門票、漫步於巴士底周圍、又或者在咖啡館聊天說地、市集裡驚為天人的肥美生蠔、無數次經過地鐵 1 號線月台的大革命馬賽克磁磚。活生生的生活，便能感受法國大革命在我眼前發生，又或者，我就在裡面經歷著。

認識了巴黎，也把我自己重新認識了一遍。

在巴士底市集意外發現的驚為天人美味生蠔。

巴士底監獄遺跡。

more information

補充

1. 七月圓柱 (colonne Juillet)：巴士底廣場的圓柱是為了紀念 1830 年爆發的七月革命，頂端看起來天使的雕像，是個象徵自由高舉火炬有著翅膀的神像。

2. 巴士底市集 (Marché Bastille)：在我逛過的巴黎路邊市集中，巴士底市集絕對是最好吃的市集，種類非常多元；除了法國本地小吃或甜點，其它還包括物美價廉的水果攤、西班牙燉飯或中東小吃 Fallafel 等異國美食、以及不經意發現的驚豔生蠔攤等等。市集每周四跟每周日營業，衝著民以食為天的本性，這裡非常值得來嚐嚐。

博物館之夜

深夜裡與你相逢

　　在巴黎的日子，與藝術文化的交會，就像天天都需要進食一般平凡自然。有時候甚至當我不想吃飯、只想無所求的晃遊，這座城裡負責藝術文化的管理者仍透過各式各樣的方法，讓藝術像一盤盤精緻而親切的菜餚，熱切而不失禮節地端到我眼前，積極地邀請我享用。

　　博物館之夜就是其中一場盛大的饗宴。

從頭話說博物館之夜

　　博物館之夜 (Nuit européenne des musées) 是由法國文化部在 1999 年提倡而開始舉辦，希望藉全法國的博物館在特定的夜晚免費開放給大眾，開啟各種年齡層、特別是年輕人跟藝術文化對話的機會。從 2005 年起，博物館之夜被擴大推動到歐洲其他國家，因此後來正式名稱上有「歐洲的」(européenne) 字樣。

　　在那特別的夜晚裡，當暮色消逝後，博物館精銳盡出，展開各式各樣圍繞著藝術作品的活動，包括音樂表演、燈光秀、戲劇演出、朗誦詩歌、或科學家跟藝術者的跨界對話交

流等等。總之，博物館搖身一變成大型綜合遊樂園，讓人遊玩到深夜。最棒的是，全部都免費。

參加幾年的博物館之夜，我的心得是當晚先排隊再說。千萬不要認為只有台灣人熱愛排隊，法國人為著藝術表演跟博物館或是文化活動排可兇的了。我曾為了橘園美術館的爵士表演，排了將近 2 小時。人們為了要搶免費好康的事情，真是不分國界種族。

回首 2016 年博物館之夜

繼續話說那次印象深刻的博物館之夜。當時我們決定，首先到橘園美術館作為遊玩博物館的序曲。抵達橘園才發現，門外早已出現排隊人潮；好不容易進去後，距離爵士表演的時間還有一段，正好適逢橘園特展《Apollinaire[1], le regard du poèt)》(Apollinaire，詩人的凝視) 的展出，便順著人潮往樓下看展。展廳內到處是人，而我感到更納悶的是「Apollinaire 怎麼能夠認識那麼多厲害的畫家」這種膚淺的問題。他明明身為文人，卻認識一堆當代名畫家代表中的代表，像是立體主義的畢卡索、布拉克，野獸主義的馬蒂斯、德蘭 ...... 好像在巴黎駐足的都是大師，隨便都會遇到名人似的。

Apollinaire 在巴黎結交了眾多畫家好友之外，他本身對藝術也具有高敏銳度跟創作能力，例如他為數不少的圖像詩，利用文字堆疊成圖形或特殊視覺圖案，把字母當成拼貼的素材抒發情感。文學家能在美術館開特展，他的跨界影響力，一定遠超過我眼前所看到的介紹。

Apollinaire 活躍的時期,正是爵士樂即將要革命音樂史的世代;因此
當晚選爵士樂並非隨意拼湊,而是依循著一戰前後所身的文化氛圍所
做的精選。

只是，我來看特展的最主要原因，純粹是藉此填滿等待音樂表演的時間；走過眼前一個個難懂的作品，我心裏期盼的是爵士表演愈來愈近，待會要搶快卡個好位置，專心聽音樂。

　　爵士樂於傍晚 6 點半準時開始。即使人多，全場人們都在一種克制的放鬆下聆聽，專注時而緊繃時而鬆弛的爵士樂。在這裡，透過美術館交換著彼此的時間，當樂章一篇篇往下行，或坐或站的人們輕輕跟著節奏搖擺著，今晚這裡不存著平時的拘謹，開心認識藝術本身最重要。之後，我們轉攻附近的奧賽美術館。人潮更多的奧賽，同樣安排以爵士樂為節目主軸；不同的是，他們直接站在畫作旁演奏。我聽了小號吹奏版本的米勒《拾穗》，演奏者以 work song 反映勞力為主的舊社會模樣，小號的旋律和聲線，很符合農作的粗獷不修飾。

　　晚上 10 點，我們走到奧賽頂樓印象畫派大本營的展覽廳。一群人直奔到莫內的《藍色睡蓮》前，準備聆聽《從藍色到藍色》(Improvisation, du bleu au blues) 的即興表演。襯著睡蓮的是大提琴跟小號的爵士音符，那是我當晚欣賞的最後一場畫作音樂表演。

　　聽著音樂《從藍色到藍色》看穿畫作《藍色睡蓮》，眼前莫內筆下的光影，我雖無法用內行專業角度拆解分析印象

在藍色睡蓮前聆聽
藍色的音符。

派的筆觸，但可以很確定它不是憂鬱的藍，而是明亮又有靈性的藍，讓人回歸自然的和諧藍色。

跟著其他人一同坐在藍色睡蓮前，我專注聽著音樂及畫作介紹。這視角讓我想起，法國小朋友在博物館聽老師講畫畫說故事的畫面。我看過多次年紀從幼稚園到小三的小朋友到博物館裡，坐在畫作前聆聽老師講話。他們眼中的博物館是激發想像力跟理解力的遊樂場，不是高高在上放置藝術品的宮殿。如此沒有門檻的藝術交流，只要坐的住，看久了怎麼可能對美沒有想法。

坐在博物館地板看畫的孩子真幸福，包括我。

博物館 賦予人心自由奔放

不少研究論文指出，參觀博物館能提高幸福感；但即使不用引經據典證明這件事，我也絕對說得出「走進去跟走出來的我再也不一樣」這樣的精神喊話。那是因為「獲得」本身就是愉悅，充實感不是虛假的。尤其，一群人在同一空間裡為相同的事物流動感受著，共有的文化記憶被傳承下來；又透過展覽品，把個人的眼光放大投注到一個族群身上。藉由瀏覽博物館使心理感到安慰而被滿足，因為我所有的情緒，博物館的藝術品都找得到。

難怪，法國政府對於失業族群特別照顧。在法國，作為一個無業者，可以免費參訪幾乎所有大大小小的博物館，像

是羅浮宮、奧賽、橘園、龐畢度中心、東京宮……，不只是節省費用、打發時間、自我學習，也同時增加個人幸福感，減低負面情緒如憂慮、焦躁[2]等等。免費入場的政策不是憑空想像而來的，是為了整個社會的心理健康。

　　博物館之夜跟藝術大眾化有關係，實際上更是個洗滌心靈增加幸福感之夜。

補充

1. Guillaume Apollinaire：活躍於 20 世紀初的法國詩人，創作戲劇、小説、詩歌等作品，風格大膽創新，「超現實主義」這名詞由他所創。我一直很喜歡超現實主義的米羅，但直到看了展，才曉得 Apollinaire 是超現實主義的先鋒。顯然我對超現實主義的生成脈絡，有待加強。

2. 參與文化活動降低焦躁和憂慮：類似的研究有許多，例如由挪威科技大學 (Norwegian University of Science and Technology) 的 Koenraad Cuypers 等人於 2011 年發表的研究指出，參觀博物館、看演唱會或體育比賽等的文化活動與健康程度呈現正相關，包括焦躁和憂慮的程度都降低，並且對生活滿意的程度較高。

Paris : imagination & réalité

巴黎都知道
巴黎女人的優雅

　　幾乎每次跟台灣的朋友聊起法國人，問我的問題中最常出現的字眼是驕傲，剩下的絕大多數是想了解，法國女人到底多優雅。關於驕傲，這畢竟跟個人主觀生活經驗有關，儘管評論法國人很驕傲的性格應該不會有任何異議；但我還是比較想聊聊，優雅這女人都嚮往追求的特質，特別是巴黎女人的優雅。

　　說起來，巴黎女人跟法國女人是兩個不同的物種。生活在巴黎這座非常女人的城市，絕不是法國其他城市可比擬，而巴黎女人毫無疑問是優雅中的代表。

那些年 我認識的巴黎女人

　　在法國待的時間並不算短，認識不少讓我忘不了的典型巴黎女人。真要回想，那位年近 9 旬的奶奶不能不提。當時我剛到巴黎，某天幫忙當時的室友代班打工，到一位住在奧斯曼古典風格公寓的獨居老奶奶家打掃。除了賺點小外快，主要是趁這個機會跟她聊聊天練習法文。

巴黎是座女人的城市。

　　老奶奶家位於巴黎第 17 區，那是我第一次走進奧斯曼時期的 19 世紀公寓。按下密碼鎖後，兩公尺高的大門打開，我走近量身訂製供三人乘坐剛剛好的電梯。它緩緩向上升起的機械感非常重，而明明有點過時落後的氛圍，當下的我卻很是著迷。

　　到了老奶奶住的四樓，我走入她的家，不大的空間內放了許多裝飾品與生活用具，精實又細膩而不刻意的擺設，感覺得出主人很用心經營著自己的生活。一排房間都是窗明几淨，打理舒適且整潔；東西雖然不少，但放眼望去沒有過多不必要的物品。

我突然覺得自己像是到別人家硬要找事做的感覺。

　　不過既然來了確實還是要做點事，拖掃完地後，我跟著她坐在餐桌前，並肩說了一會兒法文。她悠悠緩緩說著好幾個法文單字，問我懂不懂這或那的；接著要我寫點句子，學習新的表達方式。

　　我們練習了差不多時間，她要我陪著她下樓買菜辦事。老奶奶的身體還不錯，但外出要別人一起陪同絕對是必要的，難保發生什麼意外，對老人家都很傷。奶奶說她需要梳妝打扮一下，接著她回到隔壁半開放的房間，坐在梳妝檯前，輕輕畫上口紅，打理頭髮後，戴上可配合當天穿著的絲巾。

　　這位奶奶當時已經 89 歲。她完美地演繹人們心目中的巴黎印象，包括如何講究細節，如何一輩子優雅。優雅就是無時不刻的體面跟從容，哪怕只是下樓 10 分鐘買個水果。

　　聊起從內而外散發優雅氣質的女人，我還想到了我的碩士指導教授 Séverine。她習慣盤著簡單俐落的髮型或扎起馬尾，不疾不徐問我的研究進度。她的穿著率性，有型幹練非常適合她乾脆的個性，卻又總是帶著女人味十足的溫柔語氣微笑地跟我說話，好像我不是她的指導學生，而是作為對待朋友才有的微笑。我們若一塊討論研究結果，偶爾難免遇到瓶頸時，她往往順口罵個 zut(法文髒話裡最文雅最不粗俗的罵法)，而我從不覺得她在咒罵的語境裡。我敢說，我生命裡目前為止遇過罵髒話罵得最優雅的典範，Séverine 絕對當之無愧。

後來，我在巴黎當地教會認識了一位法國奶奶 Luce，跟她非常熟識，在巴黎的最後一年，常去她家拜訪。第一次使用她家廁所時，走進發現整齊陳列著從粗到細的香奈兒刷毛，當下我心想，這真是十足巴黎風格的一絲不苟啊。某天下午我又去了 Luce 家，不經意聊到她年輕時曾找 YSL(Yves Saint Laurent) 的顧問，協助她作裝扮設計、提供她造型搭配等等的建議。Luce 並不是那種出手闊綽的貴婦類型，跟她的相處讓我不得不覺得，對自己外表的在意是種文明象徵。

忠於自我 保持魅力

在認識了多位不同世代的巴黎女人後，我終於稍微能夠歸納她們的優雅其來有自。若要講出優雅的巴黎女人不約而同的顯著共同點，是她們那忠於自我的外在打扮，而這得從我所愛的法國歷史談起。渾然天成的優雅，都是需要積累的。

打從 300 多年前太陽王路易十四執掌王權起，法國貴族們對美的追求講究從內而外：各種爭奇鬥豔的皇宮日常生活，舉凡談吐、儀態、舞蹈、華服、用餐禮儀到狩獵器具裝備等等，不僅僅要好用，更要好看。若要統一稱呼這種對美的追求，姑且就叫做時尚吧。時尚產業在巴黎生出，受影響最深的巴黎人，接著影響整個法蘭西帝國。

時尚帶動了法國人對於美跟優雅等文化傳統的延續，甚至即便法國歷經幾次戰敗，透過時尚產業征服各地的戰

鬥力，都從未削減。經過幾百年薰陶之下，他們天生對美的敏銳度當然夠高，隨便一弄都有姿態。我身邊幾位在巴黎念服裝設計的朋友們都一致認為，所謂的法式時尚風格，並不是那些奢侈品牌所能展現，而是難以用事物或言傳的，美的堅持。

　　巴黎女人對美的堅持顯現在各種場合，她們總是帶著強烈的儀式感面對生活的大小活動。譬如出席重要聚會絕對穿著小禮服、在家吃飯餐盤的擺飾位置講究、搭配的耳環跟襯衫領口必須顏色和諧、喝紅酒前一定輕晃酒杯。美的堅持化為對生活精心而不刻意拿捏，都恰到好處。

　　除了因為時尚的緣故之外，另一個在巴黎女人血液裡的特質，是她們忠於自我重視個人的需求，絕不是模仿套用別人的路數在自己身上就完事。難怪，我真心覺得遇見的每位巴黎女人，各種優雅都像經久沉澱的獨特沉香，各自的香味無法被取代。

　　像是 Luce 喜歡一個人住，不願意去土魯斯跟著孩子一塊生活，即便她已經年近八旬；Séverine 提醒我，8 月度假的時候不要寫信給她，她要完全投入陪著家人放鬆出遊；17區老奶奶的兒子偶爾會到她獨居的公寓住個幾天，那裡永遠有個乾淨小房間留給他。我從來不曾聽過這些巴黎女人所說的話所做的行為裡，有半點出自於群體社會的框架。忠於自我的女人，優雅之中帶著隨性自在，活出來的樣子比所有時尚體面的裝扮還耀眼百倍。

優雅的標籤 屬於巴黎女人

　　對我而言，巴黎本身就是個迷人優雅的字眼，因為巴黎是個屬於女人的城市。就像我所說的那些巴黎女人，是她們向我不經意地在每個細節中展示並實踐著優雅，讓我更認識了巴黎。

　　朋友問我，要怎麼樣才能像法國女人那樣優雅？我想，就直接去巴黎吧。

　　去了一趟，一定會沾染優雅的身影，那正是巴黎的生活氣息。每個人都可以在這座女人的城市裡，找到屬於自己的優雅。

再思巴黎

奧斯曼與天際線高度

　　對於城市的熱愛，早在去巴黎唸書前就已濃烈無比。我喜歡城市掌握資訊的速度感，也喜歡城市引領走向未知的使命感。不過，大概就是因為當愛正濃烈時，從來不會計算付出了多少，於是我幾乎已經忘記自己到底有多追求以城市發展為主題的相關書籍。

　　直到前陣子，我在房間找到好多本高舉著住在城市更美好的書，包括 Edward Glaeser 所著的《城市的勝利》。重新思索巴黎以至於其他城市，它們令我著迷的原因不在於高效率、便利或競爭速度，而是資源規劃跟分配。怎麼說呢？就借用書中的一篇 " 摩天大樓有何好處 ?" 提出管制天際線高度對巴黎的影響來討論吧。

這條路 Rue des Bernardins 在左岸拉丁區，已靠近塞納河邊，屬於商業住家混合的典型巴黎街道。

巴黎大改造 奧斯曼大功勞

　　世人愛巴黎，是因為她的永恆，能以百年作為時間單位來計算她的不變。要維持百年不變的永恆印象，必須搭配嚴格的管制。把時間往前推回到 19 世紀，巴黎從骯髒凌亂狹小的中世紀城市一躍，成為人人嚮往又喜愛的世界藝術之都 [1]，當時掌職巴黎大改造的奧斯曼 (Baron Georges-Eugène Haussmann) 功不可沒。

　　歷經都市規劃後的巴黎，面貌統一和諧，街道視野開闊比例恰當，路上各種城市家具如海報柱、賣報亭、街燈等等精緻而完美點綴街頭風景，並且可成功容納為數龐大的馬車、甚至邁入現代生活必備的交通載具至今。

　　這場大改造是嚴謹構思而得的設計，理由不只為了現代化，還有為了軍事政治原因。過去中世紀的蜿蜒小道上，罪犯或不安定的革命家，總能輕易找到躲藏處；砍掉重練後的大道條條寬廣，官方可輕易發現好戰份子，一眼望去就能夠快速制伏。又加上中世紀的城市巷弄擁擠狹窄，習慣將穢物從屋舍流出到街旁，疾病極容易快速竄延。下令奧斯曼改造巴黎的法國總統拿破崙三世，希望透過大改造，讓巴黎擺脫備受疾病困擾的低劣居住品質；當然，藉由改造巴黎留下盛名，肯定也在拿破崙三世的內心激盪著。

　　「重建城市」，用四個字便交代完畢，造就了我們如今看到的巴黎，好像所有的景色都是理所當然。但稍微思考就馬上會震懾住：把一個城市當作大型積木玩具般重新設計和排列，是件多棘手的工程。

　　若用現代社會的詞彙形容奧斯曼對巴黎的改造，我會說他就是在示範完美的永續發展。他以永續精神讓巴黎的脫胎

換骨，摧毀掉中世界風貌的巴黎，留下來的建設耐得住時代考驗，絕非以道路沒幾年就一坑一洞需要小補、排水道沒用滿十年堵塞需要大補的短利心態執行建造計畫。他強而有力的都更計畫，讓世人享有一座百年不變的永恆城市。

晃遊巴黎 奧斯曼的藝術品

奧斯曼當時是塞納省省長，被任命建設巴黎後，從 1853 年起開始進行大改造直至 1870 年。首先剷除中世紀的小街暗巷，接著他在原地上重新建設和分配土地，透過大道和圓環設計，解決阻塞不通的交通困境。

1850 年代的巴黎，雖然還沒出現汽車等等的新式交通工具，然而一如所有城市面臨的困境，由於都市有較多工作機會而吸引人前來，人口突增的情況下，過多的馬車在巴黎本來狹小擁擠的道路上，根本就是場災難，永遠堵車堵不完。奧斯曼所設計的筆直大道，東南西北貫穿，讓城市容納更多的馬車，解決當時的交通問題，且直到現在這些大道仍是巴黎的主要幹道，繼續包容著現代的汽車。

除了道路外，路上的其他公共建設，奧斯曼全一併處理設計。路旁統一的奧斯曼式建築，是將長、寬及高分別經過精量計算後，要求採用相同的材料和一樣的尺寸建立而成。而且更驚奇的是，建物高度必須與道路比例相配合。這位搞政治的公務員，提出的城市規劃，是把市內各大小建物尺寸如同裁縫手工高級訂製服般修得精準細膩，而他的學歷是法律跟音樂。若不是與生俱來的美感，我無法想像他怎麼能夠把美觀跟實用結合如此契合。

《城市的勝利》中，提及巴黎是個充分證明了保留過去價值的城市，讓人忘記時間的流逝。但由於巴黎長期以來限制大樓的高度[2]，使得在巴黎市中心的居住生存空間愈來愈狹窄且不易取得。作者認為市府所設下的高度限制法規，造成原本已地狹人稠的巴黎市區的住房數量愈加有限，所花費的代價太高，導致一般人根本沒能力在巴黎市中心居住。因此，要擁有一個讓更多人生活在市中心的城市，他提出城市應當鼓勵摩天大樓的高度不受管制，必須要除去限高制度。

書讀到這裡，我不贊同。

巴黎之所以從此成為世界級現代都市的參考目標，或我們把尺度拉到最小的單位：巴黎能成為每個人心目中對美的想像繆思，是因為她有大城市的格局，卻沒有因為高樓使街道輪廓被過度放大，造成人與人之間的連結空間越來越疏遠。人們在當中行走時，不會因為感到快被高樓吞蝕而加快步伐，從而少了與城市公共空間的對話機會，最後，由於中間過程常被忽略被抹殺的緣故，剩下的只有城市一地跟城市另一地的生活經驗。

長期受到高度威脅的生存空間，絕對有害健康。

我在巴黎悠哉的逛街時，最深刻的體會之一，便是街道與建築物的比例不壓迫，加上足夠寬闊的行走公共空間，讓我能用合適的角度跟速度，慢慢欣賞每條道路、每個角落和每棟得體講究的建築物。

當然，持續成長的城市會不斷擴張，新大樓勢必而起。對於如此的老城市如巴黎，該怎麼求得平衡？巴黎市郊的拉德方斯 (La defense) 於是出現了，解除了巴黎市區因高度限制而不能建高樓的困境。

從 LV 基金會 (Fondation Louis Vuitton) 遙望 La défense。

拉德方斯 孤芳自賞的美

　　La Défense 是巴黎的商業重鎮。作為歐洲最大的商業中心之一，這裡擁有整個大巴黎最多最密集的商業大廈。

　　在法國的最後一年，我住在 La Défense 旁邊的左派城鎮楠泰爾 (Nanterre)，不論回住處或是入巴黎市區，都一定會經過 La Défense。好幾次，我在這充滿各樣以新科技和新式材料打造出高樓和公共空間的孤島 La Défense 望向巴黎，感覺很奇妙。他們彼此地理位置靠近，藉交通網並列在一起，經濟上十足依附著，如果我沒有轉身朝著有巴黎鐵塔的方向看，會以為自己在某個美國或亞洲國際城市。

La Défense 宛如現代科技城，看不到一丁點的巴黎風情。

La Défense 地標，新凱旋門。

　　設計 La Défense 的建築師跟城市規劃師非常有野心，將許多創意具體呈現在這裡，包括所有可見的公共物品，不論建築或公園或紀念碑等等都當做藝術品般精雕細琢，讓它們在這樣的空間中恣意生長爭奇鬥豔。但我以孤島形容 La Défense，是因為那裡有種把人騰在某個高度上的孤芳自賞，與巴黎的文化連結很低。

　　說好聽是自成一格，講白話就是孤島一座，有點壓迫。

　　巴黎令人流連忘返的街景文化，來自於人和環境長久不斷構築而出的歷史人文氛圍；然而 La Défense 與巴黎城市景觀文化斷了線，因為現代摩登大樓實在無法興起巴黎美好時代的漣漪。底子就是不一樣，怎麼可能文化共享？讓高樓大廈在巴黎存活的方式，是到巴黎郊區另闢高樓戰場，而這樣的集中設計，也是巴黎唯一能夠想得出來的解套方案，既不影響、也不撼動巴黎市區的天際線及高度限制法。

維持城市風情大不易

城市就像音樂，有飽滿情緒、有桀傲不馴、有優美雋永、也有魅惑誘人。不論怎麼樣的音樂，都必須達到某種程度的和諧；缺了和諧，音樂像斷了腳的椅子，沒辦法讓人坐得安穩，只能靠自己在失序中求生存。

我對限制高度的支持，不僅僅是出自於想保護巴黎無可取代的城市整體美感。我在其他地方都找不到像巴黎那樣的高密度和諧，工整有韻律到讓人捨不得離開，只想繼續聽著夢幻的音符旋律。

然而，我知道在巴黎找房子的為難。若將高度限制取消的其中一個好處是可居住空間看似變多；但由於一般人難負擔得起巴黎市區的房價，難保可提供給真正需要的人，最終恐怕傾向讓某一族群獨佔。拿學生來說，住在巴黎市中心根本天方夜譚，預算實在不足。即使可負擔，通常都是小到感覺被剝奪人權的房間：以 9-14 平方公尺、換算只有 2.7-4.2 坪的房間，每月房租平均 600 歐。

對於每月實領 2200 歐以上的有薪階級而言，住在巴黎市區同樣困難也貴，即便有點資金也不意味著競爭力高到哪裡；除了備好房租外，還需要提出保證人證明、工作合同種類等文件，再經過房仲審核，才可能租到套房。以房屋狀態較好而沒有隔間的大套房來算，25 平方公尺 (7.5 坪) 以上的套房，房租通常來說起碼 1200 歐以上。

即便找房子大不易，但除非政府嚴格管理，不因著開放建高樓而讓建築業者從中謀取暴利，否則我真的寧願巴黎市區的禁高法令繼續有效。

從奧斯曼到現代巴黎，城市規劃師為城市所做的每份努力，無一不與資源分配相關。如果奧斯曼建造城市的角度是從馬車著手，他肯定不會留給行人寬闊的步行空間，城市出現的閒逛文化，便不會有機會在巴黎生出。如果他留給道路的比例不足，進入汽車時代的巴黎，肯定早就因為交通壅塞、物流效率差導致經濟損失，最終無法持續擁有影響力。這一切都需要精準的分配與規劃。

　　限制是必須的。光一條法規就有太多的學問在當中，巴黎不是無理取鬧的堅持古老，而是以人為本的思考，將美好的生活經妥善分配和規劃後，於這樣人口集中而古老的城市中實現。

補充

1. 世界藝術之都：19 世紀中葉的巴黎歷經了奧斯曼大改造之後，巴黎從此改頭換面變成一座現代都市，引領人們進入到新的世代。夏卡爾說過：「在那些日子裡，藝術的太陽只照耀巴黎的天空。」。巴黎是場盛宴，餵養著每個懷著夢想前來的藝術家，不論落魄或已出名，人人都有機會碰撞各類新價值和新思想。

2. 限制大樓高度：從 1973 年座落在巴黎 14 區的蒙帕納斯大樓直到現在，巴黎市區已經超過 40 多年沒有蓋高樓。這是因 1977 年發布的高度限制禁令，規定巴黎市中心的大樓不得高於 37 公尺。以一層樓平均 3.2 公尺來說，法規限制的高度大概是大樓只能蓋低於 12 層。不過這個禁令在 2010 年被更改而放寬至 180 公尺；取消限高政策後，巴黎市區好久不見的摩天大樓將要出現了，位於巴黎第 15 區的三角塔 Tour Triangle，高度正好就是 180 公尺。歷時 5 年提案後通過，之後不斷受到多方團體抨擊。

巴黎海灘

在城市裡健康的涼快一夏

　　每年一到暑假，塞納河畔總是人潮蜂擁，為的是享受城市裡的海灘。我一直以為巴黎海灘的出現，純粹是為了無法去海邊度假的巴黎人而生的享樂活動，是一場為嚐度假滋味而生的夏季限定場所，因此從來無法好好欣賞與平視這片海灘的存在。我從來沒聽過法國友人聊著在巴黎海灘度假的滋味，如此浪費鋪張，真正的巴黎人根本不會做。雖然每次經過都看到滿滿人潮，我想，八成都是觀光客吧。

　　直到巴黎海灘節轉眼又來臨，花了點時間搜尋歷史，終於解開對它的誤會。巴黎市政府計畫海灘的目的，居然跟市民生存權有關係，而且是跟強勢的開車文化搶奪生存權。

每年夏天，巴黎市區總是出現海灘盛景。

巴黎海灘 翻轉對城市的想像

　　巴黎海灘活動的政策遠在 1995 年就規劃了。剛開始施行時，規定夏天的每個周日，封閉巴黎右岸的河濱快速道路 La Voie Georges-Pompidou，為的是「試圖」給市民健康的生活環境。2001 年起，巴黎市決定擴大施行時程，整個夏天辦理禁止車輛通行政策，把生存空間還給人民。同時，鋪上細沙連綿河邊，讓沒有出城度假的巴黎人，可以在巴黎市區享受到海灘度假的休閒樂趣。

巴黎市政府封閉了右岸的快速道路，所要觸及的真正核心，其實是挑戰根深蒂固的城市汽車文化。

　　我從原本不屑海灘活動的思維，看完馬上跳轉支持巴黎市政府。因為我一向是不愛車行的人，沒有車子的生活好自在，不需要養車繳稅、不需要出門瞻前顧後苦惱停車位、不需要尋找加油站等等，這些瑣事佔的時間雖然不多，但不代表就應該成為生活的必備。

　　我在巴黎生活的時候從未開過車，倒是經常騎腳踏車，更多的時候是搭地鐵，天天都走大量的路程。我非常喜歡這樣的速度。

　　對於我個人而言，要拋棄象徵城市邁入現代化的汽車，當然很容易。但對於一個城市要拋棄汽車使用，絕非封一條道路就可以達標那麼簡單。La voie Georges-Pompidou 是巴黎市區的一條主要快速幹道，封閉後，代表附近所有的道路路線都得重整。當初反對聲音不少，因為大家都習慣了馬路給汽車走，習慣了這種方便自己的生活方式。然而，方便和習慣的代價，往往是犧牲了整體的居住品質。巴黎市政府透過封路來教育人民，想要在城市呼吸新鮮空氣、在城市裡擁有足夠的空間自在地呼吸，前提是原來的生活方式必須重塑。

政府霸佔道路，倒不是什麼太強橫粗暴的行動，重新分配城市空間本來就是他們的職責，前提是政府有原則和有道理的執行。但這次的重新分配，是把海灘搬到馬路上。聽起來瘋狂又十足爭議性：在市中心弄個花錢又鋪張的活動，不會有任何納稅人想買單的，更別忘了法國人有多愛吵架。

市政府大膽提出度假能在巴黎實現的計畫，讓綿延一片長長的海灘取代原本都是汽車的快速道路，使市民安心愉悅地在河邊玩耍。不僅都實現了，而且還大獲成功，其他城市也想效仿如何討取民眾歡心，紛紛複製巴黎海灘的模樣到自己的城市中，例如柏林和馬德里等。

作抉擇 在人民或汽車之間

把時光倒退回將近 20 年前的 2001 年，人們對城市永續環境的重視程度不如現今，特別是強勢的汽車，一直以來都是城市所需的交通工具。儘管早就有了地鐵和其它快線火車，腳踏車在城市生活中也重生再現，但是對於汽車的地位，少有人質疑。

20 年後的現在，所有國際大城市的交通發展，都是朝向輪子越少越好的方向做規劃，同時管制整體城市道路的車次量以減少壅擠。把道路還給人，就是未來城市的格局。瘋狂的海灘佔據道路計畫，如今看來是有遠見的創意，更精準預測了城市發展。

巴黎市政府具體實踐了健康生活的推動，就巴黎海灘而言，他們執行了一次大膽而完美的政策。

這裡是塞納河右岸的腹地，原來是車道、即文中提及的 la Voie Georges Pompidou，在 2016 年正式永久改為人行道路。

Ménilmontant 半日遊有感

永恆的美，填補滿足了
短暫虛無的生命

　　11 月的巴黎，棕色落葉妝點著每條街道，濕冷空氣沾滿了每個街角。或許是秋天的蕭瑟浪漫，讓歷史的紋路更加凝結在時間之中，我想，這大概是為什麼我這麼愛巴黎的原因吧：在虛無有限的生命裡窺見了永恆的軌跡。

　　那天，在晴空和煦下迎著颯然秋風，是個出遊冒險尋找往事遺跡的好日子；我們決定去趟巴黎破舊而生活化的街區，Ménilmontant(梅尼蒙當)。

巴黎日常 精神與生活的不斷融合

　　若問我去哪裡找巴黎味十足的地方，Ménilmontant 一定名列在我的清單裡。Ménilmontant 在巴黎第 20 區，老舊街區飄逸自在迷人的瀟灑而相當平易近人，毫無高攀不起的刻板巴黎印象。它自成一格的頹廢氣質，就像跳脫時間框架的現代藝術。不過，巴黎第 20 區還有個不稱頭的形容詞，那裏的治安惡名昭彰。我剛到巴黎時，認識不久的朋友跟我說，

「他們在音樂中跳著舞」。這是由一位擅長以人骨線條畫出各種行為動態的街頭畫家 Jérôme Mesnager，在 Ménilmontant 留下的大型塗鴉。

沒事別去巴黎東北邊的第 19 區跟第 20 區，外來移民眾多就算了，加上不少的扒手或遊手好閒份子，常杵在路上等著做歹事。由於東亞人都長得太好欺負或一副容易受騙的模樣，自保的方式就是被害妄想症上身，神經質地想著可能隨時會被盯上，行在路上愈謹慎小心愈好。

不過，大概是我渾身沾染了巴黎味的關係吧。不安全也是生活的一部分，該小心的時候不要大意，其他的不需要太大驚小怪。Ménilmontant 在第 20 區又如何呢，當你整個人融入巴黎之後，便不太會有人搭理了。

小劇場，酒吧，熱鬧夜生活，構成了 Ménilmontant 的模樣。

貼標籤真的會讓人喪失平和及理性，於是錯過眼前美好事物，還深深以為自己做了正確的決定。

關於 Ménilmontant 跟巴黎的關係，不過從短短 100 多年前的 19 世紀開始。當時 Ménilmontant 尚未被劃入為巴黎市的一部分，屬於城市邊的衛星區域，有點像台北市與新北市交界的關係。勞工階級付不起城市的房租跟生活費，但大城市畢竟容易找到工作，於是大量藍領白天在巴黎工作，晚上回到 Ménilmontant 住處休息。

在那種經濟正在起飛、但日子仍不好過的時刻，夜生活便成為調劑日子的必備。Ménilmontant 就作為這樣的一個娛樂區，提供喝酒聊天、小劇場或現場音樂表演、隨處可見讓人徹夜不歸的小天地。

Ménilmontant 跟隔壁街區美麗城 (Belleville) 的發展史及轉變歷程類似。從 19 世紀末起，有許多移民湧入這兩區：起先為中歐或東歐、接著是北非西非的族群、最後一波移民潮則是 1980 年代的東南亞及中國大陸人民，使得 Belleville 區成為巴黎第二大的中國城 (第一大中國城在巴黎第 13 區)；而 Ménilmontant 的人口組成跟多元文化，便是那一次次的移民潮，反覆歷經融合又分離、分離又融合的過程而成。

我們第一站便登頂到 Belleville 公園，從至高處望向遠處的巴黎市區。公園內愜意悠然的小徑，陽光灑落在腳前的步道，曲線交錯的窗台點綴在成排的灰白房屋之中，回想自己僅僅只是隨興地走過去，經過那些久久未曾挪動更改的樣貌，都感覺到了一刹那即是永恆的喀嚓聲，在我耳邊落下。

日常即永恆 純真紅氣球就在巷弄之中

出發來 Ménilmontant 前幾日，我看了部電影名叫《紅氣球》。這整部電影在 Ménilmontant 拍攝完成，故事是發生在1950 年代、剛打完二戰的巴黎。紅氣球是電影裡的主角，與另一位主角小男孩彼此是好朋友的關係；電影畫面經常呈現背景灰暗和醒目飄浮紅色氣球的對比，而當小男孩與紅氣球同時出現時，總添加了一股童真。當天我並沒有刻意地追尋紅氣球的腳蹤，但走在 Ménilmontant 的街道上，處處都看到它的蹤跡。

《紅氣球》以幾乎沒有台詞對話的默片手法，在當年受到廣泛好評。往後每當我回想起 Ménilmontant，那鮮活紅色注入沉寂灰色之中，既厚實又帶點趣味，總在我腦海裡浮現。戰後年代的巴黎，正需要修復縫補，需要撫慰擁抱，而紅氣球恰好詮釋了這樣的角色。生命儘管無常，但簡單純粹的純真能安慰人心，無時無刻的陪伴，領人進入另一種永恆感。

感受永恆 便明白何謂真正的美

Ménilmontant 的半日遊，包括走進了 Belleville 公園望向市區、漫步在羊腸小徑、經過廢棄鐵道與別有韻味的店鋪舊房、看見無數畫滿整片牆的塗鴉、望見純真紅氣球，最後再以中式早餐為當日的午餐作結。那一天，讓我深刻感受Ménilmontant 遺世獨立的氛圍，輕柔的秋風將空氣擦亮得乾淨無比，它的美通往了永恆。身為對永恆有感的人類，我自然而然地想要盡可能抓住。

搭車回巴黎市區的路上，我想起了聖經傳道書第 3 章的一段話：「凡事都有定期，天下萬務都有定時。……神造萬物，各按其時成為美好，又將永恆安置在世人的心中。然而神從始至終的作為，人不能參透。」

　　時間讓一切良辰美景都如煙似夢。我站在生命的某一個瞬間，為萬事萬物所留下的美深深牽動著，儘管都稍縱即逝。有限的人在見證經歷了種種熬煉後，若能從中看到了永恆的真理，必然能阻止更多無謂的虛耗與浪費。

▲ 在 Ménilmontant，紅色球走著走著就見到。

▼ 經過 Ménilmontant 的十字聖母院教堂，那段斜坡走得愜意。

走進先賢祠，死亡教我的事

身後的尊榮

最近身邊的幾位長輩，或者身體越來越差，或是離開了這個世界。

接連參加著幾場告別追思禮拜，實在不好受。畢竟，道別從來不是件容易的事。在短暫的時間之內密集凝視死亡多次，或驅車前往喪禮，或帶著白花上前瞻仰遺容，或彈奏奇異恩典和著詩班獻詩，我在往返的步伐之間，體會了什麼叫做真正的尊榮。人一生擁有的尊榮，不在於他活著時的光鮮亮麗。

真正的尊榮，從離開人世後算起。

一次次的追念場合中，不論是家人闡述著平日相處的時光，或同事回顧著一齊奮鬥的過往，親朋好友憶起相親相愛的生活，那些照片或文字，復刻了在人間時的種種關係，並對離世者獻上最深的思念。那是我認為最能體現一個人尊榮的場景。

我曾經問過法國友人關於死亡的看法，得到的答案都一致。他們面對逝者並沒有太多忌諱 (c'est moins tabou en

巴黎的公墓 Cimetière Père Lachaise 一角。這段路就像適合優遊待上整天的茂密森林。

France)，朋友之間聊起誰的過世，不需要感到太抱歉，不必過於小心謹慎。說起來，法國人面對死亡的態度相當坦然，那是源自其天主教的文化背景。他們認為人離開了世界，就像聖經所說，是回到了天家。肉體的死亡，不過是歸回安息。於是，墓園就是個靠近天堂的地方，既平靜又光明。

面對身邊生命的逝去，讓我想起了巴黎那些大大小小的墓園，像是拉雪茲神父公墓 (Cimetière Père Lachaise)，蒙帕納斯公墓 (Cimetière du Montparnasse)，帕西公墓 (Cimetière de Passy) 等等。我每次到拉雪茲神父公墓，通常從靠近王爾德 (Oscar Wilde) 墓那一邊的入口開始看起。王爾德墓是園裡唯一受玻璃包圍的墳墓，如此的特別禮遇是因為來訪遊

客想表達愛意而將一個個的吻痕留在墓碑上，非常之髒，園內清潔管理人員不堪其擾。不過加了玻璃後，親吻的位置從墓碑換到了玻璃，吻痕依舊非常多，抵擋不住人們的愛慕。這個公墓沿著小山坡而建，一路往低處的方向走著，會看到著名作曲家比才 (Georges Bizet)、寫了人間喜劇的巴爾札克 (Honoré de Balzac)、17 世紀的劇作家莫里哀 (Molière)、畫了自由引導人民的德拉克羅瓦 (Eugène Delacroix) 跟其他數不清的名人大家。而通常我拜訪的尾聲，一定有浪漫主義的代表蕭邦 (Frederic Francois Chopin)。提到位在巴黎 14 區的那座蒙帕納斯公墓，就位在我的學校旁邊；下課後，偶爾悠哉決定走路回家的路上，一定會經過。記得我第一次進去是在夏末天氣舒爽的時候，當時直奔的名人墓是西蒙波娃 (Simone de Beauvoir) 跟沙特 (Jean Paul Satre) 相伴相依的墓碑。來訪的人們在他們的墓上留著小紙條或是地鐵車票的票根，看著那頗為文青式的敬意表達，簡潔又不失溫情。

　　這樣說起來，在巴黎的日子，我喜歡逛墓園。大部分的時候，我都是獨自走訪。倒不是為了顯出這是個慎重的活動，或是由於不想被別人干擾，而得刻意自己一個人去。純粹是因為在巴黎，墓園就如同公園一般的存在。逛公園找個人陪，好像有點太大費周章了。而透過巴黎的大小墓園，教導我當生命逝去時，重要的是珍視個人在群體中的價值，以及界定清晰的社會關係。講起來像個深奧學問，不如直接聊聊墓園表達地更清楚。

　　那就從份量最重的墓園，先賢祠 (Panthéon) 說起吧。

百看不膩的先賢祠。

歷經混亂廝殺 如今是最美的墓園

第一次去先賢祠的那天很冷。籠罩在昏暗陰沈之下，我
必須挺著身子對抗寒風襲來，同時困難地緩緩走著坡。本來
我並沒有特別期待著，只是斜坡的終點就是先賢祠，這種明
確目標在眼前的征服感，我非常喜歡。

先賢祠內部空間。

走入了先賢祠，馬上被眼前明亮的美所震懾，忘了先前的冷冽和陰鬱。那種美感像寧靜悠遠的詩歌，內斂而飽含生命力。柔和的線條與雕飾，高挑而輕盈的空間，不論細節或是整體看來，先賢祠渾身都散發著女人的柔美與韻味。

後來我才曉得，起初，先賢祠確實是專為了一位女性而興建。

話要說回 200 多年前的巴黎。當時的國王路易十五[1](LouisXV) 生了重病差點喪命，他在病危的情況下，向守護巴黎的聖女 Sainte Geneviève[2] 祈禱，如果痊癒了，一定會蓋座教堂紀念她。後來還真的出現奇蹟，路易十五康復了，他也信守自己在禱告時所說，打造一座屬於 Sainte Geneviève 的教堂。

只是，風起雲湧的動盪法蘭西，讓這座教堂的歷史多舛。18 世紀的法國非常多事，首先是一群哲學家用知識批判社會刻劃出啟蒙時代；接著法國大革命爆發，撼動專制君權也改變了整個歐洲。花了 33 年建造的教堂，終於在 1790 年落成，正值保守又優柔寡斷的路易十六掌權。不久後他被抓，送上斷頭台處決行刑，全城陷入跟帝制和宗教有關資產文物的瘋狂破壞階段。幸好，Sainte Geneviève 教堂倖免於摧毀之中。

隨後，全法進入國民公會操弄的恐怖統治時期，殺戮浩劫瀰漫整個國家，但教堂仍相安無事，始終屹立不搖。當時，

教堂被下令改為紀念所 (Panthéon des grands hommes)，紀念對國家有重要影響力的偉人。基本上，大部分歐洲的教堂在建造時，會另闢副堂或是地下室等等的空間，預備成為先人的墓室。所以此番更改教堂為國家墓地的命令，倒不是件太困難的事。而到了 19 世紀中期，因著大文學家雨果之死，超過百萬民眾致哀送他葬入先賢祠之後，才正式確立了先賢祠作為景仰法國思想文化巨人的祠堂。

透過他們 寧靜注視法蘭西歷史

瀏覽完深具美感的平層後，我順著螺旋階梯，進入了地下墓室，在這裡，能真正觸摸法蘭西民族深以為傲的思想文化。首先會看到兩位面對面相伴的偉人，盧梭和伏爾泰。法國人捍衛到底的生而平等以及言論自由，正是這兩位哲學家，在黑暗的專制社會中所點燃的兩把烈火。

拜訪盧梭與伏爾泰之後，我繼續往墓室深處走，見到了鑽研文學像在做實驗般客觀中立的大作家埃米爾·左拉 (Émile Zola)，誓死捍衛國家尊榮的二戰政治家讓·穆蘭 (Jean Moulin)，對科學研究死心塌地到可以不要命的學者居里夫婦 (Pierre Curie, Marie Curie) 和朗之萬 (Paul Langevin)，維護國家

雨果墓碑。

公權力的讓·饒勒斯 (Jean Jaurès)，開啟日後歐盟成立的創始者讓·莫內 (Jean Monnet) 等，以及其他近 70 位先賢。看著棺木及一個個的人物介紹，不得不思考著，即便葬入此處受盡最高層級待遇的國家偉人，都仍有正反兩面的評價；但當故人已逝，再多的批判與反省，也不能遺忘他們曾有的貢獻。

尊榮過往 帶來認同感

　　走進先賢祠，每個石棺都長得一模一樣，一樣的樸實無華。這些偉人當然不需要華麗的裝飾雕刻，才能顯示出不凡的人生。他們造就的歷史，已足夠讓這個世界華麗超過百年。法國人淡然看待人的死亡，但看待生命的經歷，卻一點都不馬虎。珍重人生命的價值，是先賢祠以至於巴黎的其他墓園帶給我最深的感受。於是，站在死亡面前，喚醒了自己所擁有的某種身份，找到了社會關係的連結——是一份使我屬於某個社會、同個文化、相似價值的認同感，在時空脈絡之間，我得以更認識自己，曉得正站在歷史的哪塊基石上。

居禮夫婦一同長眠於先賢祠。

尊榮人活著時所有的輝煌，那是法國社會所重視的。尊榮在先，才可能將走過的點點滴滴都記錄下，才可能將人與人的連結保存著，驅使社會關係的維繫和發展。

死亡不可怕 可怕的是刻意遺忘

　　我的腳步從巴黎的墓園走回到台灣，突然覺得兩地之間看待死亡的差異，不在於釋然或從容，而是刻意抹滅歷史、遺忘過去。當人們太看輕了自己從何而來，與他人交錯編織的社會關係將難以透過歷史文化體現；對土地的認同與歸屬，只會隨著一代代人的輕描淡寫，混亂散失，帶來又帶走。歷史所刻畫的痕跡，就是前人走過的路。前人已故，然而我們不仍在他們所開拓的道路上，繼續往前行嗎？

　　不論路往哪裡走，溫柔地回顧過往，便能更包容接納現在。我在心裡對自己說。

more information

補充

1. 路易十五 (Louis XV)：作為路易十四的曾孫及路易十六的祖父，路易十五在他們倆之間，顯得沒有甚麼值得被提及而被忽略；但這位國王的情婦眾多，包括大名鼎鼎的龐巴度夫人，倒是因此多了些話題。

2. 巴黎聖女 (Sainte Geneviève)：6 世紀的一位女傳教者，根據歷史記載，她的一生照顧了許多病人及窮困者。傳統上，後世的法國人認為這位聖女可保護人們，消除災害病亂。

聖誕之後

聖誕樹的 second life

聖誕節是我最喜歡的節日。

對於以天主教為主要傳統宗教信仰的法國來說,聖誕節是非常非常重要的日子,或者安排家人團聚,或是規劃聖誕假期出遊,再不然就是投入於教會預備著各樣活動。總之,絕對不能宅在家裡。

從到巴黎的第一年起,我便體會到聖誕假期帶來的社交壓力。12 月才剛到,我都還沒想好該如何過節,就已經被問了無數次:「Esther,你 12 月底的假期要怎麼安排?」。這是一句在社交場合必須體面回答的問候語,我後來也學會了。

即使哪裡都不去,聖誕節假期留在沒有家人的巴黎,仍能感到幸福洋溢。走到大馬路上看得到一整排掛著聖誕街燈,這是歐洲各大城市的聖誕基本款佈置。另外,聖誕市集是此時此刻的重點:通常市集座落在巴黎多種交通工具的匯聚點或廣場,像是香榭大道、蒙帕納斯、拉德芳斯等等。

第一次在法國過聖誕，到有著「聖誕節首都」稱號的史特拉斯堡過節，果然名不虛傳。

聖誕市集上常見的熱食甜食及餅乾。

　　聖誕市集所營造出來的聖誕氣氛，讓人走進後瞬間溫暖，好像裹了一件羽絨棉被那般貼心與幸福。邊逛著市集，手中拿一杯熱紅酒 (vin chaud)，濃郁酒香外，且還混著肉桂香氣和柑橘清新甜味，是專屬於歐洲的聖誕味道，喝了更加溫暖。再怎麼討厭商業化節日的人們，相信我，很難抗拒市集的魅力。

　　雖然聖誕市集聽起來有點 cliché，但我的經驗中，真心覺得法國的聖誕市集大致上都還保有人情味，一股淳樸的佈置手作感，看得出擺飾出的商品或食物，充滿了手工付出的用心。

整個史堡的聖誕裝飾都圍
繞著她,史特拉斯堡主教
教堂。

死後餘生 聖誕樹的第二次生命

　　每個應聖誕節而生的聖誕市集,除了市集一條條忙碌過
節的街道掛滿聖誕燈泡外,入口或街底絕對會擺設此刻最最
常見的聖誕裝飾——聖誕樹。不只在聖誕市集可見,聖誕樹
在廣場、教堂、商場、餐廳等等都看得到,家家戶戶也把聖
誕樹當作必備品。總之,12月的法國各地,隨意逛著街都可
看到或大棵或小株聖誕樹。

說到聖誕樹，不能不提到法國人熱愛成立協會的特性，因為就連聖誕樹，法國人也為它設立了協會，名叫「法國天然聖誕樹協會」(Association Française du Sapin de Noël Nature)。成立目的在於輔導種植聖誕樹的農產者將天然杉樹種得健康有賣相，並對社會大眾推廣使用天然聖誕樹，促使聖誕成為一個乾淨綠色的聖誕節 (Noël Vert)。簡單地說，他們希望大眾多使用天然杉樹作為聖誕樹，讓聖誕節更環保更永續。

　　經過統計計算，法國平均每年有 600 萬棵聖誕樹賣出[1]，其中超過八成是天然的杉樹。聖誕節過後，作為巴黎市民保母的巴黎市政府，就會開啟回收聖誕樹的盛大活動，統一回收及安置聖誕樹第二次生命的去處。從 2007 年開始以來，年年回收量持續上升，回收點也逐漸增多。最近的幾次聖誕假期，平均而言有八成賣出的聖誕樹送至官方回收站的好成績。

　　回收的聖誕樹可以拿來做什麼？就巴黎市政府官網上介紹著，清除掉樹上殘留的的人工裝飾品後，負責操作的人員將就地直接以打碎機磨碎聖誕樹，接著用樹渣覆蓋在花園的土壤上。保護植物之餘，由於杉樹性質偏酸的緣故，還能抗發芽進而抑制野生草的生長，做為天然的除草劑。這就是他們賦予聖誕樹精彩的第二人生。

歡慶同時實踐永續

　　法國的資源回收實行得頗為普通。以我在法國生活的經驗，使用過的垃圾桶大多只有兩種：一般垃圾跟紙類垃圾。不單是住家，學校、地鐵站、百貨商場、公園、馬路等等見到的垃圾桶，大概都是如此。偶爾甚至根本沒分類，只有一種垃圾桶──就是什麼都丟入的那種。隔行如隔山，我並沒有深入研

當年史特拉斯堡設置在 place Kléber 的最大株聖誕樹。

究法國當地的廢棄物處理流程怎麼著的；也許源頭分類並非
重點，或許當他們收受廢棄物後，使用機器篩分或其他自動
化垃圾分類等前處理作業的技術很成熟，因而可免去消費者
執行垃圾分類的功夫。

　　話題拉回到聖誕樹身上。雖然看似資源回收並非做得徹
底，但在聖誕樹回收這件事上，巴黎從上至下似乎都滿投入
的；政府年年呼籲回收活動就算了，家家戶戶確實也頗為熱
衷地把家中聖誕樹拖到回收站。感覺他們更像是把聖誕樹看
作一件家當，拖著家中的舊物品放置在街上，看看會被誰撿
走，繼續了舊物品的第二手人生。

事實上，路邊撿了別人不要而仍堪用的二手貨，確實是在法國生活的一大樂趣。有時候因為搬家，或是整理家當、或是社區內固定的回收活動（包括大型傢俱），從精緻花瓶、復古椅子、直立鏡子、到沙發床、木櫃、微波爐等等放置在路邊，大部分都還能使用，甚至有些跟新的沒兩樣。我剛到巴黎時，聽過一位中國朋友的巴黎生活奮鬥史。她說，家裏如果缺什麼東西，只要你有心，到路邊走走看看，一定能淘到可以用的二手好貨。

　　而這次，撿到聖誕樹的有心人士，剛好是政府罷了。從回收聖誕樹來看，既要維持歡慶的商業活動，同時又要環境永續，除了要有一個持續花錢買單回收處理聖誕樹的政府，還需要一群真正體會到自己是屬於這個社會的一介公民。一個巴掌是拍不響的。只是，所謂的公民，到底「何時才能體會到，自己屬於這個社會的一份子呢？」看著聖誕樹渣即將被運送到公園，繼續延續它們的生命，我總覺得這道問題，在我們的文化裡，是個難題。

1.　聖誕樹統計：取自網站 Planetoscope，網頁即時更新計算法國一年消耗多少棵聖誕樹。

你的城市是什麼顏色

巴黎擁有一切色彩，包括度假

你的城市是什麼顏色？

從法國回到台灣後，我發現自己變得很愛抱怨。我沒有想要學法國人的意思，只是光抱怨一點用都沒有啊。常常禁不住盤算著，在這個人人都可以爆料的自媒體年代，該等到哪個好時機把一切寫下，進行一場深度批判，順便罵得痛快。不過其實我更想要做的事，只不過是放空耍廢，完全享受在假期之中，遠離所謂的庸人自擾。

於是我下意識把巴黎的照片翻出來回憶，找一些美麗的事物讓我逃離現實。結果，翻到了某年初秋去巴黎繽紛街道 Rue de Crémieux 的照片。那裏有度假的顏色，而我實在太需要。

Rue de Crémieux 是條色彩奔放
而環境靜謐的街道。

Rue de Crémieux 有著滿滿南歐風光的度假顏色，瞬間帶著人一路向南，帶人離開憂鬱的巴黎。

度假的顏色 巴黎都知道

　　Rue de Crémieux 位於巴黎的里昂車站附近，道路全長 100 多公尺，慢慢走很快就逛完。這條路不是旅遊 hot spot，但愈來愈多網紅來這裡拍張 Ig 照，絕對稱得上是 lovely spot。沿街所見的平房漆上各種亮眼的顏色，粉紅接著粉綠色，鵝黃色跟天藍並列，再來又是粉綠……一路上，就是找不到巴黎的奧斯曼曖昧灰白色。繽紛的亮彩色是為了營造度假風、進而吸引旅客嗎？事實上，這條路上的房子屬於私人民宅居多。一棟棟彩色的矮房子在藍天的襯托下，美麗而明亮。

色彩太重要，但我幾乎快要忘記那種能同時工作並享受生活的居住環境。別說什麼顏色怎樣又怎樣、聽起來是自以為文青才在乎的小事，我只巴望著週末快來，喘口氣好好休息，哪來多餘心力顧及顏色。好不容易有了假期，卻又必須開車到這裡或那裡；避開人群成為出去玩耍首件大事，接著還要想著做什麼玩什麼，光想就好疲累。

我最喜歡的一種度假方式，就是根本不用出城去哪裡，而直接在自己居住的城市裡展開度假模式。

色彩決定你的氣質跟情緒

在巴黎的時候，我經常隨意搭車穿梭於城市中，或無方向的亂走，或騎著城市單車到處亂竄。興致一來就下車，把腳踏車停好後，站在某一街角，開始探索城市的點點滴滴，挖掘不經意的色彩。可能是一位戴著米色紳士帽身穿紅色毛衣的男子，一本在舊書堆中的綠皮悲慘世界，一杯透明中帶檸檬青的 mojito，一塊被栗子色覆蓋滿滿的蒙布朗蛋糕。巴黎的度假顏色，我只需要浸淫在其中就能擁有。這城市太豐富，我根本不需要到他處找尋旅行的色彩。法文有個動詞叫做 flâner，意思是「沒有目的於環境中晃蕩漫遊」；我多甘願做個城市晃遊者 flâneur[1]，誰稀罕到外地旅行，我只想待在城市裡享受一切，包括度假。

顏色是一種無聲的有力語言，表達了城市本身的氣質[2]。倫敦的紅磚砌出一股英倫優雅，史特拉斯堡半木造房棕與白

的跳色充滿韻律美，波圖的青花瓷藍涼快清澈讓人降溫。只是當我想著自己的家鄉，突然描述不出它們的顏色。或許雜亂無章可能生出獨特的混亂美感，但不斷重複的醜陋建物，加上各種侵略性色彩充斥，毫無調和配色的概念，成就的風格，姑且歸類為本土特有的視覺污染吧。

還好，至少我還擁有巴黎。看著照片，繼續在腦海裡想著度假的顏色；我決定把不愉悅的事物，先擱置在一旁。

有點童趣的筆觸加上青蘋果綠的襯底，Rue de Crémieux 的氛圍很不巴黎。

more information
補充

1. flâneur：晃遊者這個字眼，常常讓我想到 Edmund White 所著的《巴黎晃遊者》；想要在錯綜複雜的小街巷弄裡體會最赤裸的巴黎，採取的方式就是不斷漫遊晃蕩。眼花撩亂的事蹟像幅灑滿各種顏色的畫布，在晃遊者的雙眼經過又離去，於是看到了過去與現在的巴黎。

2. 城市氣質：顏色對於整體城市建築乃至於人文美感的研究頗為多，除此之外，還有不少倡議著以顏色對城市進行改造的行動，譬如 Colour your city。

法國音樂節

（我）上街玩音樂

　　我走在海明威曾佇足消磨時光的大道上，準備去同學家度過週日午後時光。前方的雷鬼樂表演太吸睛，走著走著不自覺停了下來，一不小心就聽了出神，而音樂已經換成了搖滾曲風。為了要準時赴約，我得繼續往前走，音樂演唱聲慢慢遠離我而仍鏗鏘有力。

　　那天是夏至，是一年白晝最長的日子，音樂承繼了陽光的熱度，在法國各地洋溢著熱情，讓人們的心被音樂曬得暖呼呼直到午夜。

　　很多人都曉得，夏至 6 月 21 號是法國音樂節 (Fête de la Musique)。38 年前的 1982 年，法國文化部發起了以音樂為主題的一日運動，鼓勵每個人在這一天，帶著自己的樂器到街上、或在家門口、或其他公開場合，玩著想玩的音樂，用音樂盡情展現自己。

整個巴黎就是演唱會場，包括夏至的那一天 (示意)。

聆聽音樂 是社會運動

在巴黎，不論街頭或地鐵裡，音樂表演是極其自然的遇
見，而這是我最想念巴黎的其中一件事。倒不是因為那些不

期而遇的表演，其音樂水準有多高，讓我通體舒暢又心情愉悅。說實話，我頗常碰到一些真的不怎麼樣的演唱，不論是演唱的很雷或彈奏的很可怕。不過，換個角度而言，這表示法國有足夠包容的公共空間吧，音樂在社會中能自由流動，不去定義聽音樂或玩音樂只屬於特定族群的權利。

透過近距離觀察，我發現了在法國自我與非我之中的音樂空間，借用笛卡爾名言、改一下叫做「我高興，所以我表達」。音樂反映了一個法國社會中，自我與非我間的界限。它就像是說話一樣，作為闡述自己與認識別人的基本權利。

帶著樂器 上街玩音樂吧

於是我抓住了音樂節的精髓：玩音樂純粹為了表達，展現自己，使分享得到共鳴。當時我還在雷恩[1](Rennes) 作碩士實習，決定要把握機會圓自己小小的夢：在音樂節的時候上街頭表演。

一開始考量天氣因素，擔心自己在酷熱的下午時段演出，整個人會因此唱到無望、彈到無力，最終換來一場失敗演出；因此做了場勘後，我決定表演地點在王子拱廊[2](Passage des Princes)，最後向警察局申請場地使用聲明[3]，一切進行地很順利。找完場地後，接著要選擇中英法三種語言的歌曲，展開密集的練習。雖然最終我沒有能夠把全部歌詞背起來唱有點可惜，因為實在很想與經過的人們有更多眼神交集；不過，以個人第一次的巴黎街頭音樂表演來說，我已經夠滿足而無憾了。

王子拱廊走到底有個圓頂空間，是我預計表演之處。

　　計劃永遠趕不上變化，包括在哪裡做表演。音樂節當晚到最後，我是在塞納河畔完成街頭演出的。朋友看不下去王子拱廊的人潮太少，為我的預備覺得可惜，叫我趕緊換地方。我們於是帶著器材叫了計程車，來到塞納河畔右岸，接續我未完成的演出。這一換，換到了一處極棒的表演場所。

　　巴黎人在夏天最喜歡的活動之一，就是帶著幾瓶酒跟零食到塞納河邊，聊天說地直到天黑；看著河邊滿滿人潮，有現成的觀眾圍繞在身邊，我唱得非常起勁。記得我表演的最後一首歌是 Coldplay 的 Viva la Vida。按照慣例，結束時總伴隨著拍手鼓掌聲，即使他們都不是為著我而來的，是我帶著琴進到這些人群之中的。但音樂就是分享嘛，不需要在乎哪裡進哪裡出。

音樂節充滿各種音樂 包括鬼魅聲

用音樂節串起每年的 6 月底，讓我回憶時能快速想起，自己如何迎接巴黎的夏天。2014 年是個人街頭首場表演秀、2015 年的我享受路過不經意發現的雷鬼樂團演奏，那麼 2016 年呢？本來我幾乎想不起來了，直到翻出照片來。我去了橘園參加以 Apollinaire 為主題的音樂會。

那是場非常難以理解的音樂會。更難以理解的是，我居然去了。

聽著 Apollinaire 的詩詞朗誦和後現代電音鋪陳每個段落，很昏沉，有時還有點驚悚。整場都是詭異單調又刺耳的音樂圍繞著，實在記不得我當時為何選擇去橘園度過音樂節；Apollinaire 不熟就算了，聽完了音樂感覺他更加難以親近。離開橘園的當下除了頭很重，我好像什麼都沒帶走。

現在想起來，用如此怪奇音樂揭開 2016 年的夏天，也算是我在巴黎聽音樂以來的另外一項紀錄吧。

橘園一樓的莫內睡蓮外大廳 (Les Nymphéas) 是當晚的音樂表演場地。高高掛著的球狀體象徵太陽在夏至一路奉陪到深夜。

音樂無國界 陪在我身邊

　　法國音樂節後來晉身成為重要文化活動，且不僅法國在夏至舉辦音樂節，有超過 80 個國家效仿，在不同城市間熱鬧舉辦。說到底，人們對於音樂的依賴，完全跨越了語言跟文化的隔閡，因為人們有共同的渴望，就是渴望被瞭解。每當心煩意躁卻又必須聚精會神的時候，首先我得找出我的牢騷清單，按下播放鍵。在那個瞬間，只有音樂了解我，陪著我在煩悶生活中度過人生。

　　在夏至聽音樂是我的習慣了，雖然台灣沒有這樣的公開活動。沒關係，我為自己找首歌來自彈自唱。

補充

1. 雷恩 (Rennes)：雷恩是個大學城，有兩所大學加上數十所高等專業學校；每到周末我跟朋友進雷恩市區，走在酒吧街上到處都是年輕人。這座城市是布列塔尼大區的首府，布列塔尼是人們熟知的可麗餅及蘋果酒的故鄉。在西元 15 世紀以前，布列塔尼大區是獨立的區域，文化傳統跟法國有很大的差異，包括使用語言屬於凱爾特族語的布列塔尼語，跟屬拉丁語系的法文有著截然不同的拼字跟發音。過去有段時間，法國政府實行法文政策，獨尊法文為正確使用的語言，導致法國各地方語言使用人口迅速減少，包括布列塔尼語；從 1970 年代後開始意識到地方語言的重要性，慢慢重新鼓勵恢復使用布列塔尼語。現在走在雷恩路上，有些街道會同時出現兩個路牌，一個是法文、另一個是布列塔尼語。

2. 王子拱廊 (Passage des Princes)：奧斯曼時期興建的最後一條拱廊，後來在 1980 年代因著房地產的交易而被拆除；1995 年重建，現在專門賣各種兒童玩具。拱廊是在百貨公司還沒興起前，讓人們逛街不必淋雨的購物去處；巴黎現存有 20 多條拱廊，全在右岸，並集中在皇家宮殿 (Palais Royal) 至拉法葉百貨一帶。

3. 警察局申請：在公開場合表演，涉及店家開關門還有安全性等事務；此外，在時間選擇上也須確認沒有跟別人的表演有所衝突，諸如此類的事情都需要考量而提出文件。

法國網球公開賽

天氣決勝負的壓力美學

　　在巴黎看法網，絕對列在巴黎生活必須完成清單之中。那天我正好看到關於法網的新聞，除了大咖球星陸續表明不參賽讓人關注外，另一個受人討論的話題，是天氣。

　　紅土球場一向易受天氣因素影響。當日子熱又乾燥的時候，紅土就像充滿細砂礫的硬地球場，球速瞬間從最慢轉變為快；當天氣變差為陰雨潮濕的時候，紅土沾附水分，球經過地面後因此被牽連拖累而速度變慢。由於法網先前曾創下近 10 多年來首次停賽一整天的窘境，一向看天氣決定比賽繼續或取消的法網，這次賽前不免讓人擔心，氣候因素會不會再度成為夢魘。

法網園區 觀光一日遊

　　事實上，我很少打網球，那不是我熱衷的運動。通常我觀賞的球類運動，十之八九是自己擅長或常參與的。這原因很直白，看球賽時容易有共鳴呀。就像看籃球比賽時，場上球員的一個轉身，我一眼就明白是天生麗質或後天努力得來的球感；假動作雖然不容易拆穿，但招數太工匠又機械，談不上任何優雅球風。諸如此類的評論，都是因為我曾打了好一陣子籃球，能快速給出球評，是再正常不過的能力。

　　但面對網球，我只是個門外又門外的湊熱鬧分子，連個球迷都無法自稱。我不熟悉任何的網球選手，他們的名字於我而言，只是名將一枚又一枚。希望這樣沒有褻瀆網球，而我還是去看法網了，因為不去朝聖實在對不起自己。

　　看球賽當天，我跟朋友約好在地鐵站 Porte d'Auteuil 見面後，一塊走到 Roland Garros[1] 球場。一走出車廂，發現地鐵站裡牆壁妝點著法網的海報，椅子也變身成一顆顆像網球的小

2015 年正值法網賽事，官方在鐵塔掛了顆巨大網球，在鐵塔下的戰神廣場設置網球場，呼應正進行廝殺的法網公開賽。

看得到的，全都變成法網廣告看板。

黃球，加上人潮來來去去，平常乏人問津的地鐵站因為法網而人頭攢動，反差極大。迫不急待想趕快走進法網園區，感覺有點像小學生戶外教學去遊樂園似的等不及。

我們入園區後，因為下雨的緣故，比賽行程都被打亂；排隊進場看比賽於是順理成章變成其次的事，倒是紀念品區逛得勤快。逛完了一圈後，隨機進了一座球場，正巧是詹詠然的女雙賽事。結果，才剛坐定位置不到兩分鐘吧，主審就宣佈延賽，因為好不容易等到的細雨又再度變大雨。

我們只好又起身去找其他可看的比賽。

說真的，這種打打停停的比賽實在太煎熬了。身體已經處於備戰狀態，然而無可抵擋的外力因素讓比賽被迫停頓，接著隨時可能又再復賽。選手不僅僅心理素質要強大，身體肌肉的機動性也必須保持高度靈活。連我這樣起身坐下換球場都覺得心力交瘁，難以想像球員為了一場因為天候而拉長到 4 小時或更久才結束的球賽，甚至得搬到隔一天接續進行，

我們隨機選的男單比賽，正巧見到網壇新星 Dominic Thiem。他最後晉級到前四強，直到敗給了喬科維奇而中止。

賽事被分割的支離破碎，身體實在倍受煎熬。心理層面如果不能將外界視為無物，一定就戰敗了。

法網根本是壓力管理的實作戰場。

壓力美學 心理健康養成班

我在場邊等雨停，既然閒著無事，開始想像如果自己是優秀如眼前的職業選手，此刻面對無法測透的未知大自然，我有辦法控制住壓力嗎？突然感覺自己不是在網球場，而是身在商業談判會議。

想獲勝拿下勝利，需要的不是靠甚麼高深技巧。曾看過網球選手面對壓力的 MCT 壓力管理理論[2]，現場身歷其境後，用自己的話整理一下：首先，盤點自己「現有的資源」，接著在互動中「取得話語權」；最後，才有辦法在「對的時機點伺機而動」。

盤點現有的資源，能幫助自己忽略其他的垃圾訊息，像是下起雨或雨停。天氣根本是無法解決跟掌握的事情，兩方皆受影響，沒有誰比較佔便宜，不需要心急。先掌握了真正的資源，就能認清事實。

取得話語權是談判技巧裡常用的表達，而打網球也確實適用。在網球場上，溝通的對象包括裁判、教練、觀眾和自己：詢問裁判為更了解下雨而停賽後的走向、跟教練討論天氣變化的戰略助於重整比賽節奏、無視於觀眾在下雨時一面倒的喝采加油聲或噓聲、對自己喊話以至於快速適應天氣因素帶來的困境等等。在種種壓力下仍能做各種互動交流的選手，快速對周遭人群及時回應，肯定有辦法洞察致勝點。

時間是另一個重要決勝關鍵。比賽中面臨的種種應變，比的就是對時間看重的程度。網球不像籃球可在有限比賽時間下得分、同時分配自己的體力；也不類似於排球，屬於團體制的搶分競賽。網球得一切靠自己在無限的時間下搶分。

面對如此難以測長短的單人球類競賽，短則不滿一小時，長的時候打四小時都是家常便飯。再來個下雨攪局，若想阻止天氣變成決定勝負的關鍵之一，平時練球磨出對時間的意志戰鬥力，這時就用得上場。

比賽總有失手時 一如人生總有意外

每年法網公開賽發生種子球員掉滿地的慘案，很大的原因就是因為天氣。壓力帶來的當然也包括生理負擔：下雨時，選手要在紅土濕地上划步擊球，等於冒著受傷的危險；比賽暫停後又開打，身體如果因雨而傷，要奪得贏點簡直癡人說夢話，或甚至就此葬送自己的選手生涯。比賽中的每一個段落、甚至每一個步伐都是壓力來源。

雨中看球賽看得我心情煩躁，掃興的天氣讓人真不爽快。幻想自己是職業選手、分析完自己的能力後，我認清自己肯定是場上最心浮氣躁的人，光氣勢大概就已經輸了一半。抬頭看了下天空，雨終於變小一些了，我起身跟朋友說，我們去看看哪個場宣布重開賽吧。

度過了一整天下雨而停停打打的比賽，這就是我的一日法網賽事經驗。無法戰勝天氣帶來壓力的我，出球場後，看到了一家外表低調但人潮不斷的甜點店，立馬排隊買了法式甜點。邊走邊品嚐，瞬間掙脫了壓力造成的精神緊繃，心情

馬上舒坦許多。想不起來當天到底看了什麼精彩比賽，倒是爆漿的巧克力閃電泡芙[3](éclair) 成為了最大亮點。反正我並非為了欣賞激烈競爭的比賽而去看法網，純粹只以觀光客的朝聖心態走入球場。這時間跟花費，應該還是值得吧？

　　連個天氣都戰勝不了，我果然耐不住壓力又欠鍛鍊。

more information

補充

1.　Roland Garros：這是一位飛行員的名字，在一戰前因著他個人駕駛戰鬥機的高技巧而成名；後來在服役出勤的過程中被擊落而喪命。法網場地以他的名字，作為正式的命名。

2.　MCT 壓力管理：參考「網球選手壓力管理之探討」，輔仁大學體育學刊第七期 (2008.5)，3 個英文字分別為 mind、communication、time。

3.　閃電泡芙 (éclair)：法式經典甜點，是一種長型的泡芙，組成就如同一般的圓型泡芙，有外層、內餡跟泡芙本體。

歐洲盃

揭開瘋狂一日球迷的心理

　　在歐洲看足球比賽是亢奮激情的活動，一不小心就變成暴動。我在法國住的那段時間，碰上數不清的國際級足球比賽，其中讓人最沸騰的，就屬歐洲盃了。

　　2016 年的第 15 屆歐洲盃 (Euro 2016) 由法國主辦，東道主一路順利晉級直到 7 月 10 號晚間的冠軍賽，最終法國以 0 比 1 敗給葡萄牙。葡萄牙這個賽前不被看好、卻屢次過關斬將的大冷門，居然拿下了 2016 歐洲盃冠軍，令人心碎的結局誰吞得下去。比賽結束後，我們一班人馬緩緩從餐廳步出，多希望這夜的巴黎充滿尖叫歡呼聲，多希望走回到地鐵站 Place d' Italie[1] 搭車時，車廂被球迷佔滿，瘋狂到車廂快被震壞，大聲激昂高歌慶祝法國奪冠，拿著法國國旗四處飄揚。怎麼會輸呢，好不甘心，這真是太令人傷心的結果了。

足球 歐洲生活的必需品

　　歐洲盃是歐洲地區最高榮譽的足球賽事。在比賽開打前，法國政府對它的高度重視不單單來自瘋狂球迷，更多的是法國從 2015 年以來受恐怖攻擊多次摧殘，使得每次有國際比賽或國際會議的舉辦，法國官方都皮繃很緊，深怕恐怖組織有機可趁。不過在足球迷身上，看不到一絲絲可能受到恐怖攻擊威脅的陰影，他們依舊勇猛狂妄如往常一般。歐洲盃的賽事期程共一個月，在法國多個城市同時舉行比賽；除了巴黎，還有里昂、馬賽、里爾、波爾多等等。當時不論到哪裡，都可以見各國球迷竄流。我沒有遇到英格蘭球迷的流氓風格，反倒對瑞士球迷印象深刻。

　　某某天我坐地鐵，停靠某站時，清一色瑞士球迷走進車廂。高大又魁武的巨人模樣，車廂門邊都被他們堵住了。聽著他們之間的對話，字字句句中氣十足，迴盪在車廂之間。我並不是說這些行徑很流氓，畢竟身材龐大是天生的，造成動線堵塞好像也是在所難免；而講話特色可能也只是個人習慣，跟國家一點關係都沒有。我只是覺得，球迷確實有稱職與否的差異，而瑞士人差不多是屬於天生適合當球迷的那種，站出來就會讓對方害怕幾分，喊個幾下就覺得氣勢超強，好像他們絕對會贏。有點扯遠了。

稍微懂得體育活動的人都曉得，在歐洲最風靡的運動就是足球。到公園野餐並帶上一顆球，就可以玩一整天；或參加社區足球隊，每週固定練球好健康。我也入境隨俗，那段時間經常跟大家一起到公園踢球。只是，本人欠缺一股想要精進踢球技巧的上進心，用腳來進行體育活動，完全曝露了自己腳腦不協調的事實。而且我怕受傷又怕痛，總覺得腳很脆弱傷不起。

那至少做個好球迷呢？慚愧如我搭不上球迷兩字；除非，球迷二字之前加上「一日」。我是個只有當大型足球賽事來臨才挺身而出的一日球迷，最自豪的事便是從一而終的支持法國隊，忠心而盲目地支持。

球迷心理面面觀

不是每個人都有能力成為運動選手，但每個人都能純粹地在場邊加油欣賞比賽。作為一位盲目球迷，我把自己當作剖析對象，究竟盲目行為對待他人、或是他人影響我的心理是怎麼造成的，煞有其事地綜合整理了以下 3 點：

1. Social capital 社會資本

人們喜歡結伴一起看球賽。歐洲盃開打的那幾週，我的日常不外乎就是跟朋友約好進餐廳或酒吧，邊吃邊喝坐在坐在大螢幕前，隨著比賽節奏而情緒高低起伏。我變身為足球一日球迷的原因之一，與買彩卷群聚討論誰贏誰輸無關，完全是因為足球在此刻給予了安全感。

所謂安全感，指的是足球成為讓人進入群體的媒介，使我屬於某個團體，讓我與朋友間創造了更多話題，無形之間

增加聯繫。在歐洲盃比賽當下，男女老少婦幼都投入在看球賽中，塑造而成的社會關係，也把我捲入了。

　　我成為球迷，因為想要跟大家有共同話題。就是這麼簡單。

2. Identity 身份認同

　　認同自己喜歡法國隊的身份後，我自然而然地會挺身捍衛我所支持的球隊。當支持的球隊獲勝時，我似乎也得到了至高無上的榮耀，雖然實際上什麼都沒有得到。但因為支持球隊獲勝而讓我的身份受肯定，已經將這種支持昇華到一個高點；好像我就是高盧雄雞 [2](Le coq gaulois) 的一份子，因而能夠跟他們一起驕傲的抬頭挺胸向前走，分享榮耀和成就。不過跟雞走在一起，這畫面似乎不怎麼好看。

3. Love 愛是盲目

　　所有球迷行為的出發點，僅僅是因為愛。愛是盲目，哪有那麼多道理可言，於是在球迷身上，可完全顯出其「迷」的特質，即盲目最大化。

　　這有點像每一次相見都有新鮮感的久別情侶，總是美化對方，對方怎麼看怎麼好。這只是

7 月 3 號凌晨，我在 Opéra 等車。法國才剛以 5 比 2 擊敗冰島，一路上搭車都遇到法國隊球迷，包括把國旗當作斗篷披在身上的法國男子。

因為不常相處、甚至可能不夠認識，所以用自己的認知去理想化一切。法國隊在我心目中認定的實力，不一定是真實的法國隊，但至少我愛起來很痛快，而那已足夠。

歐洲盃的每場法國賽事，我都是呼朋引伴一起看，邊開心歡呼，或扼腕失落。我懂得不多，但我曉得足球給我的身份，就是法國隊球迷。一日也好，終身也罷，我更享受的是與周邊的人聯繫和互動，不單只是足球。

一日球迷 終身癡迷

球迷行為雖不見得理性，但我的人生因足球而豐富許多，社交生活更廣闊，心理得到舒適與滿足。只要不干擾他人自由，何樂而不繼續為一日球迷？被酸不懂足球又如何，贏了就對了。Allez les Bleus[3]!

補充

1. Place d'Italie：義大利廣場位在巴黎 13 區，這一站地鐵有 3 條地鐵線匯集，從車站走出 2 分鐘內就有家中國超市，再往南邊走一些就是中國城。義大利廣場周遭沒有一般人想像的經典巴黎模樣，而是當地居民與外來移民融合共居的真實巴黎。

2. 高盧雄雞 (Le Coq gaulois)：意指法國隊。羅馬帝國時代的法國叫做高盧 (Gallia)，稱呼他們高盧人 (Gallus) 是合理不過的事，而 Gallus 正好是拉丁語「雄雞」的意思。1970 年代開始，公雞開始出現在法國足協的標誌中，後來公雞畫得愈來愈大而顯著；從此雄雞的形象，就代表著法國國家足球隊。

3. Allez les Bleus：法國人或所有支持法國的球迷會使用的加油口號；bleu 是藍色的意思，les bleus 指的是穿著藍色球衣的法國隊。

人群中，你仍應該保有自己

淺談自由、平等、博愛

　　剛從法國回來台灣那陣子，我最常被問的問題是：法國人究竟是不是真的很賤、真的很難親近？真心不騙，這個問題糾纏我將近一年。而當身邊的人們一再詢問我法國人的模樣，驅使我不得不歸納整合，我心目中的法國人長什麼樣。

　　想著想著，不自覺地一直浮現法國藍白紅旗子飄揚的畫面。雖然我一點都沒有想要用政治意味十足的國家格言去分析法蘭西民族，但「自由、平等、博愛」愈加清晰地浮現在腦中。作為國家格言，這三個詞在每所公立學校、公立機構或政府單位，一定看得到它們掛著或刻在牆上。「自由、平等、博愛」正好反映了高盧民族獨特而迷人的個性；而要了解這三種性格，首先必須回到起始點，法國大革命。

　　每場革命的發動都有緣起跟動機。時空跳回到 18 世紀末，當時那些平民所求的就是自由與平等。他們推翻舊有政府、渴望有新的機制管理、支配社會；到了大革命後期，博愛這個價值也開始被提倡而寫入了法典中。時序到了 20 世紀中的第四共和時期，自由，平等和博愛正式被定為官方格言。

自由：在群體中保持個體性並展現自我

　　讓人在群體中依舊保有自己，那便是自由。身為一個獨立思考的人，理當勇於捍衛自由。甚至，當我們還不懂得什麼叫做獨立思考、還沒有成熟到可意識自己的思考叫思考時，已經渴望著自由。舉個例子來說，有小孩的家長常感到頭痛的，不外乎是小孩吵鬧著想要以自由不受控的方式，做自己想做的事。每個大人都曾是小孩，也就是說，不管透過行為或言語，每個人都一定曾有「伸張自由」的經歷。

　　法國人是貫徹人性的民族，他們習於展現自由；妙的是，他們同時持有文化中的傳統自由，即以群體為前提的自由。兩相加在一塊，成就了一特殊的自由框架。屬於拉丁民族的法國人愛高談闊論、喜歡路邊搭訕陌生人，那不僅是因為他們的天性，更是因為法國社會允許人民表露自己。

　　於是我越來越覺得，表達自己不只是個性使然，更是一整個環境是否有足夠包容的空間，讓人自由發揮。

　　法國人從小的哲學教育，使他們生來愛批判、習慣闡述自己的看法。我平時在巴黎的一間教會聚會，認識不少當地的法國孩子；儘管他們多數已進入不太愛搭理人的青少年時期，當在團體裡分享自己的想法時，極少出現用一個單字或一句話就作結的尬聊對話。對法國人來說，表達自我是件極其自然的事情。在這樣的環境下，由於每個人自由自在地拋出並接收許多新想法，於社會生出的新思維和新運動就大大增加。

平等：不滿足現狀，並努力彌補各種形式的不公義

平等是對現狀永遠不滿足的一種價值觀，驅動人們向前邁進，並以群體為主體，尋求平等的利益。以外國移民在法國當地的身份地位來說，法國式的平等，在於法國人深深體會身為人該有的尊嚴，不論天生的差異、種族或者性別，都應當享有同樣的權利。

不僅如此，因為個體之間有差異，所以必須以公平的方式，補足差異所帶來的不正義。講起來過於太饒口，那我直接以自己做個例子。

作為一個在法國唸書的學生，我從剛到法國的那一刻起，憑著毫無經濟能力的學生身份向政府機構申請居住房屋補助。申請通過後的兩個月內，可以開始領取住房補助金。我拿過最高的房補金額是每個月 208 歐，領過最低的是每月 80 多歐。身為一個任何實質付出都還沒貢獻給當地的外國人，且極可能畢業後拍拍屁股回國，法國政府仍衡量我可能的租房壓力，給予我體制中的平等。

而這並不是特例。在法國的每個學生都有資格提出申請，補助金額依照個別情況調整，公平地分配資源。整個過程中我唯一付出的代價，只是整理相關文件的時間與耗時等待的心力而已。

再舉另一個例子。法國人看似孤傲，但他們對於群體的重視程度遠遠超乎我們的想像。以前我無法理解法國人三天兩頭經常性地上街抗議遊行或罷工的社會運動；沒事那麼愛

罷工、上街遊行那麼高調又開心，除了法國人天生熱愛革命、自由不能被抑制的性格之外，我不知道罷工的精髓在哪。我總覺得他們在消耗時間跟精神，浪費國家社會資源。後來慢慢明白，那是因為過去的我，從未意識到「平等」是個重要的價值。

若確實洞察社會之間的不平等，罷工不過是因為，法國人不滿足這種不平等，因此選擇站出來大聲疾呼。這不是只為個人而犧牲了自己的時間與自由，還包括為了其他和自己相同、有時甚至不同群體的人發聲。於是法國老百姓能夠改變、推動並促進法案，進而保障特殊族群或弱勢者的權利。

博愛：熱衷互助，共享資源

博愛聽起來有點難懂，我換個較為平易近人的字眼，互助。

法國社會存在著一種奇妙的矛盾共存現象：博愛雖不易察覺，然而他們的確博愛地讓社會密集交織成一幅完整的網路。太多人認為法國人冷漠，但這個國家的非營利組織密度，高到一個難以想像的程度。據法國研究社會間互助共享的 Recherches & Solidarités 協會[1]指出，若以全法國人口 6,450 萬來算，平均每五個人之中，就有一個連結於非營利協會組織，參與各種志工活動；從民眾投入的程度來看，法國說是協會密集度相當得高的地方，一點也不為過。而光是 2018 至 2019 年，全法有超過 7.2 萬個新成立的非營利社團或協會，平均每天成立 197 個新組織，非常可觀。

高盧民族熱衷開辦並扎根在各種協會，把人們串連起來，使大家能夠共享資源、相親相愛（法文的博愛 fraternité 的原意是兄弟情誼）。於是，我作為一介外國人，就如法國

公民一般，可以享受豐富資源，與社會有所連結：上至結伴運動、老人陪伴與醫療、藝術欣賞、語言文化交流，下至法律諮詢、社區改造、環境美化、人道關懷、促進社會正義等團體，生生不息的組織，反映了法國人有多熱愛互助和分享。

在法國的最後一年，我在當地一專為移民提供諮詢服務的非營利組織工作時，有機會與巴黎第 14 區市政府交涉，並在 14 區轄下的文化協會註冊。能夠進入政府健全的體系並享受資源，小的好處包括免費使用的會議室與資訊中心、信件收發，大的則是加入區政府不定期的協會活動、參與制定巴黎生活的市民座談等。

獲得這些福利，對於我們規模不大的協會來說，當然是個里程碑。而因著這些好康福利，我們跟第 14 區文化中心的社會工作者多了不少互動，是他們替我重新定義了「互助」。互助是一種無法先計算代價的付出，是一種冒險。最終不見得能互相拿到好處，因為「互助」無法量化、不以商業世界裡的合約做規範或約束；但這不代表灑狗血的給予幫助，不見得與悲情掛鉤。當社會大眾對協助他人具備成熟的理解時，施予者與接受者都將站在平等之中。

揮揚三色旗的價值 法國徹底力行

走在巴黎街頭，經常看到法國的三色國旗。走過它們，視角下與環境相映的國旗是法國的象徵，同時，藍白紅與巴黎街頭毫無違和融合成為一部分的美景。在我的巴黎生活中，即便看到脫軌的自由舉動、仍然有許多不平等、也有自掃門前雪的無情，我仍感覺得到他們繼續調整並實現國家格言。身體力行的模樣，讓自由、平等、博愛的輪廓愈來愈鮮明。

大皇宮頂部的三色旗正揮揚著。

　　法國人到底好不好相處？法國人跩嗎？說真的，我遇過
的都好相處，從未被惡待過。所謂的跩或傲氣，或許只是這
三個價值各自過猶不及的界線，他人各自有不同解讀罷了。

more information

補充

▼

1.　Recherches & Solidarités 協會：提供協會或組織各種統計數據或報告，
　　協助法國人更了解各種組織、團體或協會運作的情形；並可讓公部門針
　　對各種形式的互助共享團體，提出適當的管理或決策。

Paris : imagination & réalité

聖母院大火

政教分離與真正的信仰自由

「聖母院是法國的精神文化象徵。」巴黎聖母院被燒的隔日，一位法國友人這樣對我說。

作為一座跨越時代和歷史洪流的建築物，聖母院早已超過建築本身的價值，也超越了宗教意義。聖母院火災事發的當晚，各大媒體不斷放送相關新聞，讓多少人看了揪心。隔日一早，我在上班路途中，讀著報導文字描述尖塔承受不住大火兇猛無情的燃燒終而倒落時，感覺心裡有種缺了一塊什麼東西的痛，慌張而難受。

她就像是法國歷史的年輪，見證著過去也持續往前，人們早已習慣了她的永恆。

未遭受大火前的聖母院。

　　大火之後，幾個朋友不約而同地表明，在他們的國家，
宗教信仰和文化是分不開的。然而，新聞片段所見法國人在
聖母院受烈火燃燒當下低頭泛淚的模樣，儘管很難不讓人動
容，但那與其說是人們因聖母院作為教堂的身份而哭泣，不
如說是為她所背負的文化歷史遭火吻感到心痛。

政教分離　大火之下涌動的一道辯題

在與友人討論著火災引起圍觀群眾的祈禱與齊唱詩歌等宗教舉動時，我們聊到了烈火所點燃存在於法國社會的敏感話題——政教分離。法國自 1905 年的政教分離法 (Loi sur la laïcité) 後，明定共和國保障宗教自由，但對各種宗教維持中立。在這個原則之下，國家與宗教之間劃清界線，權力或職能都徹底地分離。政教分離原則為不干預個人的信仰自由，那屬於私人領域的選擇；然而由於政府涉及了社會公眾領域，因此個人應避免在公開領域表達宗教信仰。

政教分離「laïcité」這字眼來自拉丁文中的「民眾」(laos, laïcus)，在中世紀衍化為「在俗教徒」或「在俗的」；到了 19 世紀，法國人從這個字創造新的詞彙「laïcité」，意思為「政教分離」或「世俗性」。

法國實行政教分離是有其歷史原因的。在法國大革命以前，老百姓的生命各階段都與教會脫離不了關係：出生、受洗、受教、結婚、工作、納稅、過世，天主教會無一不管，教會的規定甚至高過王權統治下的律法，對社會擁有著極大影響力。此外，多個世紀以來，教會掌握權力，握有各種資源、大量土地與財富，衍生出的腐敗貪婪早已是公開事實。

社會對天主教的不滿情緒，到了法國大革命時，終於爆發累積已久的憤怒。教會的土地和財產被瓜分，神職人員被清算，教堂被洗劫一空、破壞殆盡，聖母院也無法倖免。我們現在看到的聖母院立面，其實是 19 世紀大翻修的成果，原因是中世紀的雕刻人物像，大都在革命期間被破壞的差不多了。

那個時期，革命份子積極推翻舊體制，其中之一便是將社會從宗教中解放出來。在 1789 年所頒布的《人權和公民權宣言》中，首先確立了法國公民享有信仰自由，之後並被寫入 1791 年的法國第一部憲法。此後將近百年的時間，天主教的勢力範圍逐漸縮小；到 1882 年推出的《費里法》(Lois Jules Ferry)，從法治面推動教育世俗化 (脫去宗教)，明確分開學校和教會，教育體系終於交由政府主導，確保了學生的信仰自由。進入 20 世紀，法國頒布了政教分離法後，至此徹底切斷天主教教會跟國家政權之間的糾纏。

由於政教分離法於 1905 年的頒布，加上當代法國世俗主義棄絕天主教的勢力籠罩下，聖母院及各地的天主教堂，早已純粹成為大眾流連忘返的古蹟，而不再是擁有真實信仰的所在。

抱持世俗主義的法國 大火能使天主教徒覺醒？

法國作為一個傳統天主教國家，就在這樣的公領域受政教分離法管制之下，私領域也間接受影響而逐漸消失。信徒對信仰生活既冷淡且含糊的態度，是世俗化以宗教自由之名

造成了天主教會的困境。教堂的人潮已被遊客取代，作禮拜望彌撒的信徒逐漸減少，失去了原本的宗教信仰意義。

「法國人平日上教堂的人非常少，信仰僅僅是文化當中傳承的一部分。人們並不真的需要神，只有在危難時才尋求神。」法國友人這樣評論著他們普遍對信仰的看法。甚至，在公開場合表現自己的信仰，有可能惹出麻煩。某次午餐我跟同學一塊吃飯，同學看到我脖子上的十字架項鍊，便開始聊起法國的政教分離法，那是我首次接觸世俗化的話題。聊了才知道，法國恪守消除在公眾領域一切宗教符號的原則，於 2004 年通過禁止公立中小學的學生穿戴明顯宗教性質的服裝及標誌的法案，以作為捍衛世俗主義的具體實踐。

我明明只是為著自己的信仰而戴十字架項鍊，絲毫沒有一點意圖去影響他人信仰的自由。但根據他們的原則，我的行為已經將近踩到法國政教分離的紅線了。一條十字架項鍊原來有那麼多意涵，真有點嚇人。

難怪，法國政治學家 Dominique Moïsi[1] 曾提出，世俗主義已經變成法國最主要的宗教。

政教分離的法國 面對其他宗教信仰的挑戰與衝突

世俗主義的實踐，更造成了引起社會躁動的宗教對立。近年來，法國政府因奉行政教分離法而發布的相關禁令，都被認為是特別針對穆斯林族群，為了限制伊斯蘭教的擴張跟影響力。

以 2016 年法國頒布的世俗化政策為例，當時在接連的恐怖攻擊威脅下，包括教堂被破壞、神父遭割喉、貨車衝撞人群等等，逼得法國當局推行新規定，禁止女性去海邊時穿著包裹全身的 Burkini 泳衣。政府的理由是這種泳裝代表極端穆斯林思想，已悖逆法國崇尚的宗教自由精神。離譜的規範內容，難以相信這是以自由跟平等作為立國基礎的國家。儘管後來法國最高行政法院做出應中止禁令的推翻決定，但造成的巨大爭議，未真正平息。

穆斯林佔法國總人口的 8.8%(2016 年統計)，已是該國第二大宗教，並且是西歐穆斯林人口最高的國家。在世俗主義的框架下，穆斯林彷彿是被社會遺棄的邊緣族群：無法自由公開表達信仰外，又難以對法國宗教文化產生認同感，加上近幾年頻繁發生恐怖攻擊、大量難民引起的社會危機，種種因素使社會瀰漫對穆斯林的誤解與不信任，宗教間的摩擦與對立成了惡性循環。

大火一場 重塑未來的關鍵時刻與機會

聖母院大火引發的傷心，幸好只存在於瞬間，時光並沒有停止在那一刻。修復工程肯定浩大複雜，但她歷經多次攻擊從未真正倒下，這次的重生也毋需擔心。歷史共情儘管引發世人陷入了文化被剝奪的痛楚，然而，若上帝允許這場引起眾人惆悵的火災發生，我於是想起雨果在《鐘樓怪人》裡說：「…關於這一切，…(聖母院) 現在還有什麼存留給我們呢？」

在聖母院廣場上，有個標誌與法國各地里程距離的原點 (point zéro)，一切丈量從這個原點開始計算。聖母院既是法蘭西文明的中心原點，更曾是世界文明縱軸的原點之一，所存留的就是她見證無數歷史後，淬煉而出的寬容與接納，克服了無情的世事而橫跨超過 850 年至今。

　　大火縱使很難扭轉愈趨極端的世俗化氛圍，但法國若能藉此與世俗主義展開深刻對話，寬容地面對天主教的歷史，仍有機會激起長期對信仰冷感的信徒重回教堂的復興及渴望，也將接納族群間的巨大差異，帶來宗教和解的瑰麗。

more information

補充

1.　Dominique Moisi：Dominique Moïsi 為法國頗知名的外交政策專家，目前在法國智庫「蒙田研究所」(Institut Montaigne) 擔任特別顧問，長期以來活躍於國際政治分析。

Paris : imagination & réalité

拜訪巴比松

震撼世界前的溫和寧靜

　　還記得剛到巴黎的頭三個月，遇上各種生活及課業的衝擊，全都難以接招。就連要不要跟住宿家庭一起享用晚餐這件事，都讓我躊躇不決。每個夜晚來臨都是巨大壓力，內心總在盤算，該用什麼正當理由不跟他們一起吃晚飯。

　　有天放學後，我跟住宿家庭法國老奶奶說，當晚我有事會晚點回家，不必幫我準備晚餐。結果我搭著車到巴黎西邊的 La Défense 車站，一個人走進站內麥當勞點了薯條加雞塊，滿足且自在地邊吃邊使用電腦。寧願吃麥當勞卻不願享用法式家常晚餐，我大概有點問題。

巴比松 不起眼村莊改變了世界

　　迎接新事不容易，改變習慣更是難上加難。就像比起每晚吃著度日如年的法式晚餐，我更寧願維持自我的風格，享受單獨一人的用飯習慣；何況是一個群體或社會已約定成俗的文化風格，沒來個十年半載的陣痛期，改變的風潮可能只是有頭無尾，最後銷聲匿跡。

　　因此，我初到巴比松這乍看沒什麼特別的小村，實在難以想像它何以具有改變時代的能量。那是股領著一群畫家推翻了過去繪畫既定模式與風格習慣的力量，使巴比松畫派 [1] (École de Barbizon) 不但成為西洋畫派的分水嶺，更開啟了印象派震撼世界的前夕。

巴比松街頭可見多為石造房子，偶有穿插半木造房。

巴比松是我去法國唸書後，第一個走訪的巴黎近郊小村莊。它位於巴黎南邊，緊鄰楓丹白露[2](Fontainebleau)。那天，我們大概花不到一個小時就走完巴比松主要的大街 Grande rue。當時禮拜二，許多博物館、工作坊等正好休息，連找家營業小酒館都碰壁。眼前的小鎮散發孤單的顏色，秋風吹得綠樹都喪失了生機，配上微陰的天氣，顯得有點寂寥。

　　稀稀落落、乏人問津的景象，配上石板路和石頭砌成的民房、以及偶爾出現的半木造房作為背景，成就了巴比松的村落日常。然而，走著走著，我慢慢能理解，巴黎近郊明明有數以百計的鄉下小村莊，畫家們卻選擇來到這裡的原因。

溫和的力量 成就推翻浪潮

　　時代造英雄或者英雄造時代，跟雞生蛋或蛋生雞的問題一樣，從兩個方向分析似乎都說得通，只是講完了仍搞不清楚結論。到底是這群卓越的畫家為了走出畫室而來到巴比松，或由於動盪混亂的大環境讓藝術家們只想逃離社會，原因可能一時之間難以釐清。可以確定的是，巴比松的藝術氣息保留至今，沒走幾步路就能看到藝術工作坊，或賣著藝術品的商店。

在巴比松，到處可見畫室、工作坊跟畫廊等等。

巴比松擁有一股悠然寧靜,走
經過的每家每戶都散發美感。

巴比松畫派的興起時間在 19 世紀的上半葉,那正是法國政局動盪的時代。經歷法國大革命後,君王專制的統治方式被嚴重撼動,但遺毒仍在,畢竟要改變千年的專制不容易。15 年後,由波旁王朝回歸法國舊有的君主制度,但對自由的嚮往和平等權利的渴望,已經透過各種形式表達,其中一種就是藝術。

　　巴比松畫派轉變當時的畫風,從理想美好的浪漫主義跳脫,畫出各種樸實寧靜的風景畫、或鄉村尋常百姓的日常辛勞生活。說是逃避混亂動盪的社會也好,或是表達畫家所關注的真實貧困社會也好,總之這樣的主題,跟過去的作畫傳統,落差極大。

　　在動盪的年代之下,一旦出現強大的變革動力,便有可能是個推動社會改變的契機,而這次由巴比松承接。但那天我來回走在街上,沒有半點感覺這地曾發生過什麼大事的模樣。巴比松畫派在法國近代美術史停留的時間並不長,之後由即使不懂畫畫、不清楚美術史在幹嘛的人都講得出來的印象派繼承;意思是說,巴比松派之於印象派,就如同老師一般的重要存在。但這個小村像極了那些落腳於此地的巴比松畫家們一般樸實無華,低調到不行。

米勒住過的地方，同時也是他的工作室。

快中午的時候，我們驅車離開巴比松，正好經過米勒畫出《晚禱》的廣大平地。或許因為總持著謙卑柔和面對這片土地，巴比松才能給予改變的力量吧，至少我是這麼地想著。

去過巴比松後，我每次踏進奧塞美術館，一定會走入展覽巴比松畫的主題畫室，待上一陣後再滿足地離去。這世界從來沒少過動盪與混亂，而在那些作品前，提醒著我別忘了，人和自然間的直接互動與真實情感，既溫暖親切且繽紛絢麗。看著看著順便反省自我：與其硬碰硬試圖找到改變的契機，或許我該學會，巴比松的柔和力量。

more information

補充

1. 巴比松畫派 (École de Barbizon)：強調寫實筆觸，著墨鄉村風景，把畫作的主角從畫室轉移到自然，跟過去的畫風差異極大。在當時主流的藝術眼裡，普遍給予負面評價。

2. 楓丹白露 (Fontainebleau)：中文翻譯讓人無限想像的楓丹白露，是個擁有楓丹白露宮而讓許多人認識的法國城鎮；在皇宮旁邊有座巨大森林，是過去供給皇室狩獵的場所。很可惜的是我後來再也沒機會來這，除了皇宮外，那座森林占地廣到足以耗上一整天的時間在裡面冒險，也非常值得一遊。

Provins 中世紀節

時空錯置，今夕是何年

　　穿越回到古代這事，西方人也愛。巴黎近郊有個小鎮名叫 Provins，位於巴黎東南方約一小時左右車程，每年 6 月中旬的周末，在當地所舉辦一年一度的中世紀節 [1](Les Médiévales de Provins)，復刻著過往生活日常及穿著行為，帶著來訪民眾穿越回到 800 年前的中古法蘭西。短短兩天慶典，經常超過 10 萬人次的共襄盛舉。

　　Provins 的中文翻譯名叫普羅萬，是個毫無可能勾起綺麗想像的難聽名字，不過純就音譯而言，普羅萬確實是翻的妥當。類似 Provins 的中世紀風情景色，在法國想找尋並不困難，包括巴黎。雖然奧斯曼的巴黎大改造摧毀了大部份的中世紀建築，但仍有少數的房子及街道聞得到中世紀巴黎的特殊氣質，主要聚集在巴黎第 3 與第 4 區，譬如 Hôtel de Sens 和 Maison de Nicolas Flamel。

◀建於 14 世紀的 Hôtel de Sens，是巴黎中世紀代表之一建築，現在是藝術書籍類的專門圖書館，館內靜謐質樸。

▶這棟民房建於 1407 年，是中世紀煉金術界有名的煉金師 Nicolas Flamel 的故居，曾出現在哈利波特小説中。現在是餐廳。

　　在我還沒拜訪中世紀小鎮 Provins 前，聽同學説過小鎮處處緬懷百年前的古著風情，非常值得一遊。當時看著同學們在古城的城牆前，捕捉一張張搔首弄姿的照片，我心想，哪一天我也要到踏上那斑駁的 Provins 城牆。

　　終於，那年中世紀節，我去了正在歡度中世紀節慶的 Provins。

中世紀節 時空錯亂下的美

　　Provins 在 12-13 世紀之間曾經是法國、乃至於整個歐洲的貿易焦點。當時不論從法國北部或南部、北邊的低地國家（荷比盧）、地中海國家、或東歐以及更遠的非洲商品，都聚集到這進行交易往來。為了確保更順暢的商業交流，以及保護這地區的人民及財富，建立更堅固而厚實的城牆、堡壘和城堡也就不難理解了。

　　作為中世紀歐洲最大的貿易交易中心之一，Provins 與其他城市如 Lagny-sur-Marne、Bar-sur-Aube 等共同形成一條香檳貿易交易市集 [2](Les foires de Champagne) 每年輪流在這幾個城市間舉辦市集，做買賣互通有無。交易市集是歐洲脫離早期黑暗中世紀的重要象徵，因為經濟發展跟跨國交易頻繁，本來就是時代邁進的最主要動力之一。

◀ Provins 倒頹的城牆，看得出它的厚實。
▶ 12 世紀建成至今的凱薩塔，在舊城的最高處。

Provins 舉辦中世紀節至今已經 35 屆，以他璀璨的中世紀貿易歷史，絕對有資格招待各地遊客前來感受中世紀的魅力。按照法國人熱衷定義城市的習性，我想，Provins 稱為法國中世紀首都也不為過。那天，我們在巴黎迪士尼附近搭乘客運到達 Provins 後，跟隨著人群走進了古城。踏進一步感覺一下就跨過了 800 年甚至更久，每個腳步都在見證眼前超現實的中古市井生活。十字軍衛兵到處可見，吟遊詩人譜出

仿中世紀的吹奏表演。

悠揚的詩歌，曾經巍峨的城堡在眼前，還有一群像是惡靈或是暗黑組織的勢力蜂擁而來。眼前還有著各種尋常百姓的生活手作工作坊，像是編織鎧甲、生火燒鐵、編織衣物、製作樂器等等，總之，我正活在中古世紀的年代中。

這樣看下來，戰爭相關的活動跟人物佔了中世紀節的主要比例。或許反映當時除了商業活動外，一般人的生活跟武力戰爭的關係頗為密切。更確切地說，所謂的戰爭，是橫跨兩百年的十字軍東征。中世紀畢竟就是個搶奪的殘酷世界，加上浩浩蕩蕩的十字軍團，每次的出征試圖用武力解決一切問題，藉宗教之名而實為掠奪的方式讓自己壯大。這影響層面太廣太大，以至於所有人的生活重心都跟戰爭脫不了關係。

當天的重頭戲是遊行，處處看到十字軍相關的士兵出現在遊行隊伍中。

中世紀縫紉工作、毛料處理、生火跟製作兵器所需的器材。

這是十字軍團在某處扎營休憩的百分之百神還原。我在 21 世紀還是 12 世紀？

中世紀公衛暗黑史 健康是奢侈

逛著中世紀節而能窺見跟現代社會差距極大的過去，的確新鮮又好玩，但還缺了一個撩撥感官的關鍵刺激；必須加上它，才能真的帶著人們穿越回去原汁原味的中世紀，那就是氣味。幸好，我沒聽過任何如 Provins 中世紀節之類的仿

古活動，曾以嗅覺作為主軸；不然這種中世紀還原，絕對沒幾個現代人能承受。真正的中世紀生活，人們不會有什麼走著石板路帶著愜意又詩意的心情；因為到處是排泄物與垃圾，光躲避都來不及。

極度不堪的衛生條件下，中世紀的城市味道到底能夠有多噁多臭？試著一天不沖馬桶、把裡面的穢物挖出來，加上當天家裡的垃圾一袋全灑在家門外，稍微可還原當時一戶人家的衛生狀態。

中世紀的人們習慣將穢物丟向街道，除了腐敗臭味瀰漫四處之外，人身上的體臭惡味更讓整座城市臭上加臭。那是因為當時他們不太洗澡，普遍認為洗澡時皮膚毛孔會將水帶入體內，而水會傳播鼠疫之類的傳染病。所以抵擋疾病的方式，是盡可能地減少洗澡，將身上的油垢或汗水留下，好阻塞毛孔形成保護。

中世紀居家衛生條件極糟情況之下，一大堆傳染病於是極易流竄在城市中，而且各個都可能造成絕症或終身殘疾：痲瘋病、天花、砂眼、炭疽病，還有 14 世紀造成歐洲死傷慘重的黑死病等等。安然活著到終老屬於萬幸，五體不滿足才是正常人。黑死病襲擊歐洲大陸時，天天都有屍體經過自家大門，誰又死了的消息，隨時在更新。他們更能體會何謂平安健康就是福吧。

嚮往舊日 不含廝殺與髒亂

除卻掉中世紀獨有的惡臭味與低劣的衛生品質，單純享受著 Provins 的古著，帶人回味中世紀生活好幾遍，非常有趣。那仿古色調的懷舊世界，稀奇的景象近在眼前，令人禁不住嚮往著。我想，在 Provins 看見的繽紛色彩中世紀、與看不見的血腥廝殺及髒亂落後中世紀，兩者之間就是走訪遊玩與瞭解事實的差異吧。

我知道的不需要多，還是繼續當個稱職的觀光客就夠了。

衣服和帳篷搭配完美和諧。

more information

補充

1. 中世紀節 (Les Médiévales de Provins)：Provins 被聯合國教科文組織列為世界遺產小鎮，每年舉行的中世紀節，至今將近有 40 年歷史。當 Provins 熱鬧舉辦著中世紀節慶典時，古著風情的舊城，瞬間變成 800 年前人們的 cosplay 舞台。

2. 香檳貿易交易市集 (Les foires de Champagne)：香檳市集是在 12 世紀 -14 世紀時期出現的國際貿易集市，由幾個位於法國東部、屬於香檳伯爵領地的城市，輪流舉辦市集而成。這些城市匯集了南歐跟北歐的貨物，帶動了茂盛的經濟發展，在 13 世紀後半葉達到最高峰。每個城市通常一年舉辦不超過兩次，每次為期從幾日到數週都有。

奧維小鎮的光輝

黑暗苦難之中，梵谷不孤單

　　10 月的法國已經需要厚風衣和絨帽以抵擋寒冷。我最喜歡的冬天來了。

　　我最愛的冬日是晴空暖陽，在柔柔淡淡的陽光裡身處在清清冷冷中，被厚重的衣服跟靴子包裹著，空氣稀薄到思緒透明如鏡。在那個當下，我感覺自己已得到了人生小確幸。

　　但我人在巴黎，只能認份接受抑鬱灰暗的溼冷天氣。那天，我去了梵谷最後人生階段所居住的奧維小鎮 [1](Auvers-sur-Oise)，就是那種陰鬱到不行的初冬。濃濃陰霾加上化不開的潮濕，如同梵谷黑漆漆的崎嶇生命；幸好，梵谷還有他弟弟西奧 (Theo) 一輩子無怨無悔的守護，像是秋末的和煦陽光，無盡的愛陪伴梵谷度過艱難晦澀的人生。

奧維小鎮 美麗風光不為我們而來

　　一早，我們搭著車前往奧維小鎮。這個位於巴黎西北方的法國典型小城，豐富的大自然色彩散落在城裡的各角落，沒有過度開發或建設，散起步來相當愜意自適。只是，或許因為要拜訪梵谷的緣故，一路上濕漉漉的模樣，似乎預告了這會是場走過傷心，帶著淚水痕跡的旅行。下了車，在開始走入他的畫作前，我們首先去看公園裡的梵谷雕像，那是由20世紀重要的雕刻家 Zadkine[2] 所完成的作品，詳實形象化了梵谷憂鬱易感的性格，以及被世界拋棄遺忘的飽經風霜樣貌。

　　◀ 望向奧維小鎮一隅。
　　▶ 瘦巴巴的梵谷雕像努力站挺身子，儘管飽經殘酷人生事物折磨。

◀ 梵谷生前住的地方 Ravoux 旅館。
▶ 奧維市政廳，面貌與百年前相差無幾，頂多因應汽車作為交通代步工具的現代
世界，而多了柏油路地面。

　　在奧維市區，圍繞著與梵谷有關的事物非常集中，花個
半天就一定能走完。對於我來說，並不是非得用打卡式地近
距離看，才好像真的得到什麼了不得的感想。我只想要像探
訪一位朋友般的輕鬆從容，不是去做研究。

　　繼續向前走，看到了梵谷在奧維居住時的 Ravoux 旅館。
如今旅館已經變成博物館，裡面依舊保留著他的小房間。我沒
有進去看，倒是在旅館前，我望著對面的奧維市政廳看了好
久。奧維市政廳並沒有特別出彩的外型，但它在畫中的顏色，
和裝飾的法國國旗相互配合著，多了些明亮歡快的氛圍。法國
國旗的藍白紅真的好適合進入畫作裡，我想到了莫內也曾把藍
白紅旗子描繪入畫作中，那國旗飄揚的瞬間，確實耀眼奔放。

梵谷的奧維教堂 沒有神的所在

　　天氣持續陰陰暗暗，我們來到了奧維教堂。梵谷的畫作
《奧維教堂》就是在這裡完成的，在畫作裡，佔背景近一半

的藍色天空有股詭異難測的抑鬱藍色調，毫無藍色天空通常給人的清新和開闊。儘管主角是座教堂，但對比色塊營造出不安定的狀態，讓教堂籠罩著陰沈黑暗。或許梵谷藉景抒情，用奧維教堂代表他當下的心情寫照呢？在梵谷與他妹妹之間的信件 [3] 中，他提到了這個作品：

> …（這樣的畫法）使得（教堂）建築物整體看來呈現紫色，襯托著深層純淨的清澈鈷藍色天空，彩繪玻璃窗戶像是濃稠的青藍色斑塊組合，屋頂則是夾雜著橘色的紫羅蘭色，前景有些許的花草綠葉和受陽光映射下的粉紅沙土。……

在信裡，梵谷單純地描繪顏色，除此之外沒有提到他的內在情緒。天氣作祟且加上畫作的魔力，我沒有進去教堂走看一圈，只在外面駐足好久。對於一個熱愛逛著各地教堂以瞭解當地歷史民情或文化的人來說，我停留在奧維教堂外的舉動，很不尋常。

但眼前的奧維教堂感覺神秘且難以親近，真的讓人有點發毛。

在空曠麥田裡 望見梵谷身影

從教堂旁的小街道斜坡往更高處的方向走，我們準備去看梵谷的那片麥田，以及他的墓碑。關於梵谷並非自殺、而是他殺的說法跟證據，最近這幾年越來越多；我沒打算抽絲剝繭這需要大量邏輯辯證的事件。

看不到的事物就留給其他人吧，我只想好好體會看得到的事物。

　　斜坡走完後，麥田就在眼前。10 月底早已不是麥子收割的季節，我只能想像金黃飽滿的麥被微風吹起漣漪的模樣。一般來說，人們習慣以梵谷在這座麥田創作的《麥田群鴉》，作為他生命中的最後一幅畫。當我走過麥田，那普通的感覺就像我台灣的家後方的稻田，說不上任何獨特。當然，鋪滿著金黃麥穗跟綠油油水稻的景色都令人感到舒適，但並不會在心中留在深刻的印記，除非當它成為獨一無二的特別。我望著空空的麥田，心裡想著，因為梵谷的緣故，在千萬座麥田之中，這座麥田註定成為特別。不論它是灰黑荒涼走向死亡的象徵，是梵谷最後停留在世的身影，又或者大群烏鴉持著自然法則覓食爭奪著生存，總之，人人都要在這裡停留一陣，包括我。只因為這裡是註記著梵谷人生的最後階段，是他用厚重的筆觸畫出心中的灰色麥田。

麥穗成熟時將要收割的樣貌（示意，非梵谷的麥田）。

梵谷的墓碑位於墓園的左牆邊，支持梵谷的弟弟西奧也安葬在一旁。

用盡一生的愛 守護梵谷的西奧

麥田看完，隔壁便是墓園。

對印象派稍有了解的人都很清楚梵谷的人生。他一輩子窮困潦倒，創作不受青睞，作品乏人問津，是個完全無法靠自己謀生的失敗畫家，在這個世界孤獨地來來去去。除了毫無成就的挫敗外，又經常受精神疾病困擾，躁鬱不安的狀態，連帶讓周遭所愛的人受盡折磨。

一個如此難愛卻又需要愛的人，梵谷一家仍願意扶持著這位幾乎被精神狀態跟外在世界搞得支離破碎的藝術家，特別是梵谷的弟弟西奧。西奧一輩子相信他哥哥的才華，知道終有一天會有人賞識，在經濟跟生活上給予完全的資助，守

護著哥哥直到死。梵谷死後半年，西奧的人生也走到了盡頭，好像他來到世上的使命已告一段落。

我站在他們倆人的墓碑前，深深感到這種愛太美好，深深覺得梵谷很幸福。儘管人生渾沌黑暗，找不到一絲光明好讓孤單乖僻的梵谷不再需要掙扎，仍一直有個人願意同處在黑暗之中，無盡支持愛護著他。西奧絕對是梵谷一生感到幸福的所在。

我們以墓園作為拜訪小鎮的終點。人生都有苦難，梵谷的悲慘人生只是反映了真實世界。滿滿天賦跟不斷努力的人，都不見得能獲取這個世界的成功。但若沒有愛，才華洋溢的天才可能就此毀滅，恐怕就沒有人能見到梵谷所創造的藝術美。

如果神允許有苦難，只是要讓人更明白愛。

補充

1. 奧維小鎮 (Auvers-sur-Oise)：位於巴黎市區西北方將近 30 公里距離的奧維小鎮，搭乘巴黎快鐵 1 個小時左右可抵達。

2. Ossip Zadkine：活躍於 20 世紀上半葉的巴黎雕塑家。他的工作室採光良好且寬敞，就在巴黎的盧森堡公園附近；現在改為博物館，展示著 Zadkine 的雕塑作品。

3. 信件：梵谷除了是個多產畫家外，他的一生留下了近千封信件，寫了很多給他的家人及友人；這個網站 vangoghletters.org 整理了他的信件，並翻譯成英文供更多人閱讀。

凡爾賽軼事
你聞所未聞的凡爾賽宮

　　網路購物已經晉身為我最主要的一種消費模式。每天查詢訂單出貨狀態，早已成了習慣；而前陣子看著交易網頁，手不經意一滑，看到了一則別人的貨品交易消息。那是筆路易十四統治年代的訂貨單，延遲了上百年之久，因而讓凡爾賽宮登上生活花邊新聞：一群正採著石場挖礦的工人，在法國南部靠地中海的奧德省 (Aude) 發現了大批紅色大理石；經由當地的大理石協會鑑定後確認，那是太陽王路易十四在 1670 年準備裝飾凡爾賽宮而訂購的大理石。

　　300 多年前的採購，直到如今皇家宮殿終於可簽收這筆貨。看著這則新聞，莫名覺得有點浪漫。

拜訪各家各戶 看盡各種美

　　凡爾賽宮讓我想起了以前流連於法國各家門戶的日子。若以一句話平鋪直敘我在法國的生活，「到名人家作客」算是頗為貼切。不論是雨果位於孚日廣場 [1](Place des Vosges) 一角落的小公寓、巴爾札克那點綴隱身在 Passy[2] 的樓房、香頌女王琶雅芙 (Édith Piaf) 出生於巴黎 19 區的尋常老百姓平房、國王法蘭索瓦一世的狩獵宮香波城堡 (Château de Chambord)、以至於路易十四的凡爾賽宮等等，走入了樣貌平凡或精緻質感的家，我便穿越到不同時代的法國文化與歷史。各家各戶擁有各自時代的獨特地位，但凡爾賽宮的氣勢，絕對是我所看過最宏偉且最華麗的。

　　由路易十四打造數十年的凡爾賽宮，對後世的主宰力首先當然是巴洛克建築本身。即便少了那批晚了 350 年仍未寄出的紅色大理石，這座宮殿的富麗堂皇絲毫不扣分。路易十四在位時期的時間共 72 年，是歐洲君王專政中最長的一位；作為一位施行極度中央集權的君主，在他統治之下的法國國力達到鼎盛，名號自然傳遍四方，橫跨了整個歐洲。於是他在凡爾賽宮建立的風格跟喜好，成為歐洲各個王朝統治者的模仿對象，像是服裝時尚、飲食文化、舞蹈戲劇等等，無一不對後世產生巨大影響力。

簡單來說，路易十四帶領之下的 17 世紀法國是歐洲主流代表，沒有人想被邊緣化，各國王室都加快腳步追隨著主流。講法文是基本款外，男男女女都必須學著法式皇家的奢華時尚風，如男士帽、大拋袖口、高跟鞋、無止盡的蕾絲。修習時尚之餘，對於味道也得講究，首先循著路易十四對香氣的執著，之後打造專屬自己的香水，每天浸泡在不同香味中。還有高貴優雅的法式宮廷飲食與陳列方式，在參觀完凡爾賽宮之後，回到自家進行完美抄襲複製。至於路易十四建立的芭蕾跟戲劇，成為之後歐洲近 200 年貴族的禮儀跟教養準則，當時若不會跳也至少必須懂得欣賞品味，才顯得有文化。

　　作為法國最典型的巴洛克風格建築，凡爾賽宮的外觀是法國常見的古典樣式，但建築內部裝飾則滿滿是華麗的巴洛克風格，視線所及的全都是追求極致藝術的呈現。像是美到不可思議的壁畫、雕刻細膩複雜的巴洛克曲線、奢華高調的水晶吊燈、鋪上金箔跟大理石相間的房間門邊或四周圍、各種人物浮雕以及雕像等。這座披著沈穩古典外衣、而內在富有奔放巴洛克式的偉大建築物，一建成後，馬上成為歐洲王室爭相仿效的宮殿。

集奢華炫目一身的超現實鏡廳，
永遠人潮不斷。(by Shing Liu)

　　或許是讀過的歷史作祟，造訪鏡廳是我每次進入凡爾賽宮最期待的部分。空間寬敞之外，鏡子跟窗戶對映而加深了金光閃閃，佩服法國人對美的執著跟追求。透明又反射的視覺效果，把超現實的感官刺激，濃縮聚集在這座大廳中。

衛生條件極度落後 華而不實的凡爾賽宮

　　但若說到居住所需的基本必備，凡爾賽宮的原始讓人暈倒。17 世紀的歐洲對於衛生的態度跟認知，若以今日的眼光來衡量，絕對讓人難以想像。中世紀的人們對於日常穢物的處理方式是就地解決，當自家的化糞池或尿壺滿了後，直接往窗外丟撒、或直接排放到街道，是唯二的處理方式。由於長期以來的衛生知識凍結，又缺乏有效的污水處理系統，因此到了 17 世紀的太陽王路易十四執政年代，當他下令擴大建造奢華的凡爾賽宮，但裡面像樣的廁所卻少得可憐，似乎也不足為奇。

當時，凡爾賽宮容納的不僅是國王王后，還有數不盡的皇室僕人、國家大臣、貼身侍衛、地方貴族等，以及受邀拜訪的各國皇室或是本國達官顯要，想要上個廁所方便一下，是件異常困難的大事。最終他們採取的方式，是承襲法國人過去的習慣——隨地大小便。換個說法形容，整個凡爾賽宮就是一座巨大公共廁所。這畫面是否過於奔放。

　　路易十四在位時間很長，執政後期的他花了很多時間在宴會娛樂上，讓貴族在沒日沒夜的舞會中耗盡力氣，毫無時間想著叛變。想像著受邀賓客在宴會上又吃又喝，再跳個社交舞，彼此高談著各自的精心打扮後，由於忍不住尿意或便意，於是在角落又拉又尿的模樣。空氣中瀰漫著屎尿的惡臭懸浮微粒，溢滿了整個皇宮，很難不對這座巨大廁所的骯髒混亂感到作嘔。如果當時有人設計成人尿布，搞不好會變成一種流行。

那些年那些時代 各自成就的特殊氛圍

　　回到那則訂貨新聞的後續進展。儘管訂貨人路易十四早就消逝在歷史中，但皇室建材還是得履行交貨的程序，送抵至訂貨人的家。這是很合理的安排。

　　依照現有的運輸流程，最多一週就能讓凡爾賽宮的管理人員簽收訂單。但負責運貨而被採訪的大理石協會會長 Khalid Massoud 表示，運送過程將會依照 17 世紀的作法：先以馬車運送大理石到米迪運河，沿著運河穿過卡爾卡松、土魯斯、波爾多後，再透過海運到魯昂，沿著塞納河流進巴黎，最後到達凡爾賽宮。估計大概 3 到 4 年後，凡爾賽宮就能收到這批紅色大理石了。

以遵循古法的運貨方式，緬懷古早人做事的時間概念，真是浪漫。但古人收貨的焦急等待一定漫長到讓他們絕望，而我們現在卻稱這等待無比浪漫。就好比以現今的衛生角度，看幾世紀前不可思議的惡臭環境，古人肯定覺得我們大驚小怪。彼此難以理解對方，只不過是因為時代的滾輪推動技術，大大改變了價值觀。

　　所以，凡爾賽宮還是繼續走浪漫華麗的皇室路線吧，怎麼想都比較適合它。前面敘述的惡臭衛生史、包括巨大廁所的部分，看看就好。不要被影響噢。

補充

1. 孚日廣場 (Place des Vosges)：位於瑪黑區，由亨利四世下令建給皇家貴族使用的廣場。四周圍的紅磚建築並排圍繞，為此座廣場的一大特色。昔日的正方形皇家廣場，如今則是巴黎人愛曬太陽以及蹓小孩的休閒場所。雨果曾住在廣場東南角的一棟建築，現在改為雨果紀念館 (Maison de Victor Hugo)。

2. Passy：位於巴黎俗稱富人區的第 16 區，Passy 的地勢較高；從這往巴黎市區看著巴黎鐵塔，有另一番居高處欣賞的特殊感受。巴爾札克當時住在 Passy 是為了躲債，在一棟具有法式鄉村氣息的樓房裡，他完成了《人間喜劇》的編輯修撰；現在此處為巴爾札克之家 (Maison de Balzac)，供人拜訪參觀。

凡爾賽宮的外觀以雙面石牆搭配大面窗戶，加上鍍金的窗框跟屋頂，既宏偉且華麗。(by Shing Liu)

Paris : imagination & réalité

反覆的新冠疫情，
何為法國止住疫情浪潮的關鍵？

　　這一年來，法國受盡了摧殘。原本規劃回巴黎的計畫，一從春、夏、秋直到即將進入冬天，面對 COVID-19 不止息的蔓延，我的計畫只得繼續停擺中，暫時不曉得何時能成真。未知的病毒當然難防，但法國真的太失控了。真要說什麼原因，顯而易見的歸咎於兩大癥結點：沒有自覺的社會，和永遠慢半拍的政府管理手段。不論是春季的第一波疫情，或秋季捲土重來的第二波疫情，政府彙集意見不夠快速、作法又反覆，民眾要不無所適從，更多的是選擇繼續過自己的生活，以致於從決策、制度到整體社會，從上至下崩盤地非常徹底。

第一波疫情 毫無自覺釀成全體承受災難

　　回想上半年病毒第一波肆虐的當下，法國新聞界首先關注更多的不是病毒，居然是人種之間的交流攻防戰。一場新冠肺炎讓華人成為眼中釘，例如看到華人出沒在公共場合，就懷疑病毒跟著來；甚至媒體帶起歧視風向，打出了黃色警戒 [1]（暗示黃種人是禍害）的聳動標題。 我一位巴黎的好友 Gloria，3 月時傳了訊息給我，說著她在法國里昂遇到的親身奇事（歧視）。

．

　　3 月的某個週二 Gloria 出差到里昂，在火車上她全程戴著口罩。抵達當地火車站之後，叫了輛計程車。待她上車後，法國人計程車司機立刻問她：「妳從哪裡來的？」

　　「我從巴黎來。」

　　司機帶著想一探究竟的口氣繼續問道：「那妳是哪裡人？」

　　「中國人，怎麼了？」她緊接下去說：「我已經兩年沒有回過中國，我是來這裡出差的。這樣你放心了吧。」

　　接著，Gloria 話鋒一轉，借機教訓司機：「你才更要小心吧。天天載著各式各樣的人，你更應該要戴口罩。你知道嗎，最該保護的就是你自己。這時候最可怕的就是像你們這樣的人，超級無知，blablabla....」

　　Gloria 說，儘管司機態度並沒有很惡劣，但一看到亞洲人戴口罩的臉孔，馬上問對方哪裡來，感覺還是挺差的。而那短短不到 3 分鐘的交流過程，完全顯現了法國人被要求封城居家隔離前的態度。遇上了從未見過的全新病毒，首先討論的是戴口罩屬於有問題的人，特別是黃種人。當時跟一位法國朋友聊起口罩，他脫口而出說：「我們法國人就是不喜歡戴口罩。」。確實，口罩不是他們生活會出現的民生品；我在法國的四年來，從沒在任何公共場合或街上看到戴口罩的法國人，甚至我曾進出醫院幾次，也沒什麼口罩的印象。但 COVID-19 大流行是特殊緊急情況，這不只是進步或落後的公共衛生問題而已。如果不是一整個民族欠缺自覺，「生病了才會戴口罩，這樣的人根本不應該出現在公共場合；而既然根本沒有生病，外出時為什麼需要戴口罩」的法式思維

居然仍適用於此時，那造成後來無法控制的慘況不是剛好，而是必然的結局。

18 世紀的法國大思想家盧梭說過：「自由不在於自己的意志，而在於不受其他事物脅迫，也不讓別人受自己脅迫。」。200 多年後的法國人只著重個人自由而輕忽甚至污衊他人自由，這就是上半年疫情剛爆發時的現實法國社會。

歧視風浪結束後，法國官員們總算動起來，開啟了為期一個多月的封城，直到 6 月 15 日全境解封。防疫能成功的關鍵，是以個人應有的社會責任遵循所有與群體有關的措施；而法國疫情第二波又起的原因，除了官方的政策欠缺組織無法實行貫徹外，最主要的仍是法國人民大多享受權利而不願履行義務，缺乏自覺面對病毒。像是不戴口罩、不願受 14 天的隔離等防疫基本知識常被忽略，或是要求各地酒吧關閉以禁止群眾活動的措施，因為私人派對蓬勃而生，使禁令根本形同虛設，諸如此類的行徑，在我看來，她實在很不像受社會契約拘束的老牌共和國家。

第二波疫情 慢半拍的指揮調度從一而終

歷經封城、居家隔離、限制外出等命令的法國，疫情逐漸趨緩，於暑假時恢復了以往的度假活動。聽說朋友依舊如往年一般規劃出遊，或到北部或往南法，彷彿一切已回到正常的生活步調，脫離了之前苦悶的抗疫日常。但事實的真相是，現在真的回不去了，病毒其實從未離開過。

時間回到 8 月底，當時面對媒體的詢問，法國總統馬克宏提出預防第二波疫情爆發的戰略，已說出「不排除再次封城」的可能性。9 月之後，幾乎每一天都有各式各樣的專家

官員會議；從地方到中央馬不停蹄的檢討，聚焦如何減低病毒肆虐、避免醫院負荷量達臨界點的緩衝措施等。但每天對外的發言皆毫無明確決定，又或者太多想法而一再拖延決策，包括隔離從 14 天變成 7 天、定點隔離或是居家隔離、未落實追蹤可能受感染族群、學校防疫措施、要求商家餐館關門等等，不斷更新的防疫細則，民眾很難搞清楚政府到底要做什麼，疫情也不受控而持續惡化，加重了社會更抗拒規定的心理反應。

　　10 月之後的法國政府依舊搖擺，單日新增確診人數近 2 萬名的情況下，馬克宏還是不鬆口更嚴格的封城命令。就這樣一路撐到 10 月下旬，確診人數不斷創新高，最後實在扛不住了，馬克宏再度發表電視談話，對人民宣布將要實施第二次為期 1 個月的全國封鎖，減少群眾之間的接觸。從 8 月底到 10 月底，足足花了兩個月，才做出了封城居家隔離的決策。經濟學家應該有很充足的時間以各種統計模型評估經濟損失，公衛專家也肯定做過封城可減少傳染、進而提早使基本傳染數 R0 值[2] 小於 1 的各種計算，遠在台灣的我觀看這一切，看不懂法國官方需要耗上兩個月做出慢半拍決策，到底是為了什麼。

防疫崩盤 年終再努力一搏

　　第二波新冠肺炎的疫情爆發後，徹底說明了法國政府的所作所為是失敗的。當然，日子仍必須照過，明天醒來又將是全新的一天，我的計畫總有那麼一天會到來，能平安無虞地回到巴黎拜訪老友。而對於法國或全球各國的公衛醫療系統而言，至少掌握 COVID-19 的程度已經比年初多上許多，

防疫時期，巴黎的咖啡館或餐廳就像這般乏人問津的模樣，很不習慣。

嘗過的苦頭不會有所白費的。只是能否在錯誤中修正，光政府有決心絕對不足。措施的力度不夠所造成的危機，將使人民繼續鬆懈地無自覺生活，恐怕疫情不會這樣就消逝，而會糾纏著法國直到 2021，或者更久……

1.　黃色警戒 (Alerte jaune)：出自法國報社 Le Courrier picard，在今年 1 月時用一張戴著口罩的華人女子作為頭版照片，搭配著標題 Alerte jaune。帶著歧視意味的形容，報紙一出馬上受到各方抨擊。

2.　基本傳染數 R0 值 (basic reproduction number)：這是個流行病學的指標，表示患有某傳染病的人，能傳染給其他多少個新病例。R0>1 的話，就會成為流行性傳染病。

美女與野獸

重遊香波城堡（上）

前些日子看了真人版美女與野獸，當下我熱淚盈眶好多次。老實說我不是熱衷於此類電影的人，若沒人邀約，我肯定就錯過了。盈眶只是因為我純粹被迪士尼能拍出大人小孩皆開心滿足、看完時會微笑著離場的電影感動。再加上歌舞音樂的渲染力，不論是開始時貝兒唱的貝兒同名曲 Belle、燭台盧米埃精心策劃為迎接貝兒的 Be our guest、美女跟野獸互相情愫滋長的 Something there、洗腦舞會歌曲 Beauty and the beast，每一首都把我的情緒鼓吹地脹脹滿滿、像個充飽氣的氣球般，輕輕柔柔地飄進電影裡。

除了電影配樂的催情效果，讓我得不時提醒自己看電影要專注外，另一個分散我注意力的事，是猜測野獸城堡的原型出自哪座城堡。我一直覺得，野獸家有香波城堡 (Château de Chambord) 的影子，雖然遠遠的鏡頭底下並不像，但細微處又感覺得到香波的痕跡。

當晚回家，資訊焦慮症發作，我查了後發現，迪士尼的確以香波城堡為模型。我的亂聯想居然是真的。這個應該不算有爆雷嫌疑吧。

法式經典 香波城堡

香波城堡是法國羅亞爾河谷城堡群 [1](Châteaux de la Loire) 中的王者城堡，不僅僅因為佔地最大、建造時間最長，完美呈現了文藝復興式建築，且兼容並蓄了哥德式建築，再加上名人加持，成就了法式城堡中的經典。城堡本身巨大但不笨重，反而有種高貴皇室的優雅感，輕盈地矗立在一灘軟軟的溼地上。Chambord 在法文裡的意思，就是一段經過在蜿蜒河水旁濕地的通道。在建造香波城堡前，那片大地是個沼澤；為要建出穩固的城堡，他們挖了 12 公尺深的地基。這座總共花了 166 年才全數完工的雄偉華麗城堡，城堡本體的正面寬度 156 公尺、側面寬度 117 公尺，大約是台灣總統府佔地面積的 1.5 倍。

不少人從未聽過過羅亞爾河，但如果對城堡略略有涉獵的話，一定知道這大名鼎鼎的河流。羅亞爾河是法國最長的河流，其中經過中央大區 (Centre-Val de Loire) 的那一段流域，聚集了許多建築品質極高的城堡。這裡距巴黎南邊 240 公里遠，若搭高速鐵路 TGV 到此區首府圖爾 (Tours)，只要一個半小時；之後，再搭地方鐵路線可抵達周邊更小的城鎮，便可開啟夢幻城堡拜訪之旅。

我第一次聽到羅亞爾河，是來自於一支在雷恩的路邊傳統市集所買的酒。當時想找氣質輕盈帶果香味的葡萄酒，賣

拜訪香波城堡正巧遇到大整修。儘管部分屋頂變成工地風景，香波城堡的王者
氣勢還是不可擋。

家大叔在聽完我的需求後，推薦我一瓶來自羅亞爾河谷的紅
酒。淡淡的柑橘香味配上清爽酒體，微甜且順口，從此我對
羅亞爾河的印象極好。

羅亞爾河谷城堡群在 2000 年列入世界文化遺產，而香
波城堡在更早之前的 1981 年，已經先被選進文化遺產名錄。
在這段超過 300 棟城堡的流域中，香波城堡以王者之尊登上
最不能錯過的城堡第一名。除了佔地大而雄偉之外，它的配
色跟結構，與周圍的風景完美融合。把人類發展的文化文明
和大自然擺放在一起，毫無違和感。

我們搭公車抵達香波城堡後，從遠處看著氣宇軒昂的它，挺立在一大片空地上，那內心的激動啊，絕對是我看過的城堡裡最難以忘懷的。參觀城堡的人群儘管不斷湧入，但在這一棟俊美無敵的城堡面前，一切喧囂輕易地被擋在老遠之外。

　　我一路驚嘆不停地往大門走，進入後的第一個感覺，是城堡的空間非常具有深度及廣度；然而，站在由無數石灰石堆砌出的城堡裡，我一點都沒有感到死氣沈沈的厚重感，而這和他們比例掌握得好，有很大的關係。就像有些人常說自己胖，卻該死的一點也看不出，因為有辦法把胖(厚重)的部分巧妙藏起來，加上本身的比例好，見不著多餘的贅肉。

　　拿身材胖瘦形容，可能過於簡化了城堡的複雜，但這等建築物的確詮釋何為完美比例，欺騙了世世代代的雙眼。看不到厚實沈重，看到的，盡是和諧與輕盈。

香波城堡的大門入口處。

▶ 煙囪上幾何拼貼的黑色石板，囪頂還有許多小裝飾，如此風格華麗的文藝復興
式藝術，讓城堡在規律之中多了活潑。
◀ 國王法蘭索瓦一世以充滿火焰的蠑螈作為標誌，象徵著國王擁有火的力量，同
時可承受各方挑戰及戰火。兩旁的 F 代表他本人。

　　我們大約花了 3 個小時逛完香波城堡。畢竟它是個擁有
426 個房間的城堡，參觀著一個接一個的偌大房間，我從一
開始興奮地指認出天花板或牆壁上，滿滿象徵國王的符號圖
騰，或仔細欣賞各樣的建築手法、雕刻和細微設計；到最後
無力地走到頂層，疲倦地抬著頭，欣賞跟天空比美的煙囪尖
塔。短時間內一下子看了那麼多美好事物，感動終究是會麻
痺的，好像一下子暴食馬可龍，味道都記不清了，只能說出
好吃這種膚淺的評價。但至少我仍然深刻的記得，漂亮和諧
的內部文藝復興風格，帶給我的視覺饗宴。

more information

補充

1.　羅亞爾河谷城堡群 (Châteaux de la Loire)：中世紀的法國行政中心位於
羅亞爾河谷，國王貴族投入大量財力跟時間在這打造許許多多的城堡。
連著幾個世紀下來，城堡總數超過三百個，最知名的除了香波城堡外，
還有建造在水上的舍農索城堡 (Château de Chenonceau)、建築藝術
集一身的布盧瓦城堡 (Château de Blois)、安葬達文西的昂布瓦斯城堡
(Château d'Amboise) 等等。

美女與野獸
重遊香波城堡（下）

　　法國文藝復興是 16 世紀以後的事。當時由國王法蘭索瓦一世 (Francois I) 拉起了序幕；自此之後，法國創造出屬於自己的文藝復興。法蘭索瓦一世帶軍隊到義大利打仗，在當地繁榮城市裡看到又美又宏偉的建築，打定了主意必須將文藝復興新藝術帶回到法國本土。於是他邀請許多義大利優秀藝術家跟建築師，來到當時法國皇室的權力中心羅亞爾河谷，包括達文西。

　　那幅會看著你的蒙娜麗莎，就是在當時被帶到了法國。

　　文藝復興的法文 Renaissance，是「再生出」的意思，「再生出」羅馬希臘的文化。再生的過程不僅僅是複製，而且在找尋過去文化的同時，藝術與藝術之間因此產生新的連結。香波城堡內外有各種文藝復興元素的拼貼，除了城堡工整對稱外，幾何的圖形排列組合富有變化又不混亂，還有那百花齊放的煙囪和尖塔，看上去非常過癮。

高高尖尖的視覺效果是哥德式建築的典型風格。

法國第一位文藝復興國王 法蘭索瓦一世

　　而說到法國文藝復興，不能不提到法蘭索瓦一世。就是這位法蘭西國王，將法國的藝術和文化推展到一個新層次，或許以現今的眼光看待，會認為不過是時代造英雄，剛好讓他搭上文藝復興的列車，順勢從義大利帶進自己的國土中。一切都是剛好而已，不需要給予他過多好評。但關鍵的是，當時法蘭索瓦一世所傳承的法國皇室血液，充滿了濃濃的草

原廝殺腥味。前幾任法國君王滿腦子盤算著都是征服土地，反反覆覆攻打義大利，完全沒注意到當地的文藝復興文化已佈滿遍地，讓文明脫離了籠罩在黑暗之下的中世紀。

法蘭索瓦一世帶領了一場人文革命，讓人文主義新思想終於在法國落地生根，重視人類文明產生的創造和美，這實在不簡單。

古堡裡 達文西留下的影子

達文西在 1516 年受法蘭索瓦一世邀請，離開羅馬前往法國，並且定居在昂布瓦斯[1](Amboise) 的克勞斯呂斯城堡(Château du Clos Lucé)。他帶著自己的畫還有筆記，外加幾位學徒跟隨著一起移居。

在《美女與野獸》中，當貝兒要去城堡解救她老爸時，她一路爬著城堡內的螺旋階梯向上，那是中世紀要塞堡壘的必備。那個當下，我想起了香波城堡的雙螺旋樓梯。城堡官網描述道，達文西為這座城堡打造了許多設計原想，包括位於城堡正中央的雙股螺旋梯。貫穿三層樓的雙螺旋梯有兩個入口，都可以一路通達頂層；當時我跟朋友一人走一個入口，想玩玩遇不到對方、而只能在樓梯對內窗遙望的免尷尬設計。由於國王的情婦眾多，為讓情婦各自有出路而不需要正面迎擊，達文西於是提出此貼心設計。這一套解釋頗具說服力，我就當作是達文西的本意了。

香波城堡四周圍有圍牆，同樣是中世紀堡壘必須有的設計。雖然香波城堡的定位是一座狩獵行宮，讓法蘭索瓦一世國王休閒所使用，不需就軍事層面去考量安全性；但為了承繼法國過往舊時的堡壘要塞風格，出現這樣的圍牆，也不至於奇怪。而且落在周圍沒有盡頭的森林裡，如果少了城牆作為跟草地樹林等自然景觀的界線，視覺上會讓城堡無限擴大而缺少美感。簡單說，是一個圈起來比較美的概念。

達爾文的雙螺旋梯。

昂布瓦斯城堡（右）。小教堂（左上）在城堡區內，
離昂布瓦斯城堡不到 20 公尺。達文西在教堂內的
墓碑（左下）。

　　達文西旅居法國不到四年就過世了。當他將臨終時，
法蘭索瓦一世抱著這位文藝復興大師直到嚥下最後一口氣，
足見國王真的傾心賞識於達文西的藝術天份跟成就。達文
西死後，被安葬在法蘭索瓦一世出身長大的昂布瓦斯城堡
(Château de Amboise) 裡，其附屬的小教堂。

看著城堡 分辨真實生活的樣貌

　　那趟城堡之旅，在短時間內瀏覽各個如同精品珍藏的法國城堡，是我人生的一個奢侈高點。匆匆看完了四座百年交織而成的龐大經典藝術作品 (另三座包括 chenonceaux、Blois 及 Amboise)，香波城堡的帝王氣勢，在我們緊湊的四座城堡旅行中，無疑是最閃耀的光芒。但就像法國各地皇室或宗教地標性建築的相同下場：經過了法國大革命的喧騰破壞後，城堡裡面根本空無一物。現在看到的都是日後一點一滴補加上去。此外，裡頭不適合居住，因為它缺少設備完善的衛浴系統。城堡在基本生活需求完全不合格的情況下，當然無法吸引我對家的想望。這麼說起來，雖然我的確想念城堡氣宇軒昂的幾何線條，想念那外觀跟自然融為一起的和諧美，但理性告訴我，無論如何，它只能完美地存在於童話世界裡。

　　香波城堡確實俊美，然而若還有下次機會，我更想到圍繞在香波城堡四周、比整個巴黎都還要大的森林裡，用一個週末或更長的時間，騎著腳踏車自在呼吸。野獸住的城堡，就留給美女和他的管家僕人吧。聽著他們的歌曲，已足夠一解我對香波城堡的思念。

補充

1.　昂布瓦斯 (Amboise)：倚著羅亞爾河而建的昂布瓦斯，此座城市最主要的地標當然屬昂布瓦斯城堡，中世紀時有多位國王居住在此。達文西短居的克勞斯呂斯城堡，距離昂布瓦斯城堡走路不到 10 分鐘。

Paris : imagination & réalité

ONLY LYON
在里昂遇見小王子及其他（上）

前陣子某晚下班時間，我準備前往台北火車站搭高鐵回新竹。一如往常的匆促腳步，拼貼出我在忠孝復興站的返家路徑。從高架的捷運木柵線不斷快步往下奔走，最後，我終於來到了地下樓層的板南線月台。

一走入車廂，我開心想著可以鬆口氣的同時，看到了車廂內耳目一新又似曾相識的景象，令人不得不微笑以對；捷運的車廂，全裝飾成了小王子的故事內容，我當下得到了加倍的開心。

話說小王子啊，我怎麼在哪裡都遇得見你？

里昂 小王子作者的故鄉

L'essentiel est invisible pour les yeux.
真正重要的東西用眼睛是看不見的。

在清新溫和的五月天，我拜訪了小王子作者聖修伯里的故鄉里昂。那是個顏色明亮的城市，僅管抵達當天，陰霾晦澀的天氣稍微遮蓋了他的色彩。

這方向望去里昂的紅十字區 (Croix-Rousse) 是沿著坡而建的老社區，從 18 世紀開始因工業革命而密集發展，現在有許多特色小店或特色餐廳。

踏入法國後，我再也沒有好好看過小王子。出發去里昂，我非但沒有因為自己親臨了小王子誕生地，而勤奮閱讀聖修伯里的著作，更別說努力搜尋小王子在里昂的蹤跡。抱著「真正的生活，就是看淡生命各種安排」的我，一派從容與里昂相見歡。那幾天，我純粹享受著走在里昂的每個步伐，彷彿是巴黎生活的延伸。有點像點擊了播放鍵後，每一首都漫不經心地聆聽，卻都聽到了心裡。因此，儘管第一次到里昂的旅途中，我沒有看到那幅畫著小王子的壁畫、沒有到聖修伯里的家門口踩點打卡，我仍舊瀟灑著揚起聲調，開心說 à la prochaine(下次再見)。

全歐洲最大的壁畫，絲綢工人壁畫
(Le mur des Canuts)，位在里昂的
紅十字區。

里昂處處皆有壁畫，各自有主題。這城市是電影發明者盧米埃兄弟的故鄉，我來到描繪電影院的 Le Mur du Cinéma 前，準備看電影。

　　然而真正的事實是，我回程一路跟自己賭氣。也許這是第一次同時是最後一次拜訪里昂，我為什麼不好好規劃路線，沒有把所有與小王子有關的景點都走遍，順道嚐遍所有與小王子有關的美食……更悲催的是，我記憶最深的三件事居然是渡河走橋、沿著電車鐵軌無目的往前亂走、以及坐在無名公園裡品嘗梨子巧克力蛋糕。這三件如同日常生活會發生的瑣事，跟里昂本身一點關係也沒有。每次回想起，我只能不斷發出嘖嘖聲用力懊惱。

　　但即便重來一次，我相信自己在里昂的腳蹤依然會如此隨意。借用小王子說過的話：真正重要的東西，眼睛是看不見的。與其事先費心規劃景點，不如享受當下發生的一切。

　　用小王子來安慰自己，是這場旅行必要的解套方式吧。

認識里昂 從環境污染與健康的關係開始

Si tu aimes une fleur qui se trouve dans un etoile, c'est doux, la nuit, de regarder le ciel.

如果你愛著一朵盛開在浩瀚星海裡的花，那麼，當你抬頭仰望繁星時，便會感到心滿意足。

初識里昂，緣於我的碩士論文。

還沒到法國唸書前，對巴黎以外的法國城市我不僅缺乏想像，也懶得想像。大概因為巴黎已經奪走我所有目光，導致這座城市以外的其他所有法國城市，黯淡又無光。對我來說，里昂充其量就只是個人多、因此能進入排名的城市吧，全法第二大都會的頭銜，能有什麼特別？

因此，即便當我在雷恩進行碩士班最後半年的實習，研究里昂的新生兒缺陷與居住地社會經濟及環境相關變數的關係，我也沒有對里昂多了更多認識。當時計畫針對法國國家統計局[1](INSEE) 提供的數據，將里昂切成 510 個區塊 (census block)、平均每個區塊住有 2,000 位居民，以及近 10 種變數 (variates) 供作統計分析。我們以空間分佈的計算方式，初步找出了里昂都會區中新生兒缺陷的叢集 (aggregates/cluster) 區塊。

另一方面，里昂行政區依據各種參數如二氧化氮及交通情形等，評分出各區污染程度的高低；經過統計，有兩個 Cluster 位於污染評分最高的區域；做了共變數 (covariates) 排除計算

後，不論二氧化氮、噪音、靠近綠地與否、靠近工業區以及靠近交通密集程度等變數，沒有一個與新生兒缺陷有顯著統計意義。這個初步研究就到此告個段落，沒有繼續下去。

環境流行病學涉及議題廣泛且因果關係複雜，不在這篇文章的主軸中。我只是想說，做研究的過程既純粹且滿足，是世界上數一數二幸福的事情。或者，任何因為熱愛的緣故、而不計代價地付出一切的事物，都有這種純粹而滿足的關係，就像小王子與他的花一樣，彼此馴服著對方，抬頭仰望繁星時，便會感到心滿意足。

下篇要接著說，里昂的當地美食如何完美馴服了胃的過程。

補充

1. 法國國家統計局：全名為 Institut National de la Statistique et des Études Économiques，在巴黎第 14 區，主理國家經濟相關數據整理分析及統計的機關。

ONLY LYON

在里昂遇見小王子及其他（下）

　　來到里昂，除了找尋小王子外，覓得可滿足口腹之欲的當地美食，當然也是旅遊重點。雖然我不太知道該如何鑑賞法式料理，但旅行往往就是打腫臉充胖子的實踐過程，不懂也必須裝懂，因為都已經來了。

站在歐洲最大的淨地廣場 place Bellcour（淨地是指什麼都沒有的空地），我雖不懂廣場的美，但還是繞了一圈，以表到此一遊。

馴養（肚子）的旅程 美食之都快速巡禮

Mais, si tu m'apprivoises, nous aurons besoin
l'un de l'autre.

但是，如果你馴養了我，我們就彼此需要了。

　　里昂位於法國中南部偏東邊處，由隆河與索恩河兩條河流孕育出這座古老城市，沿著河岸一路走，就能挖掘完整的里昂。那天我們先到 Bullecour 廣場晃過一遭，之後隨著橋跨過了索恩河，往舊城區 [1](Vieux Lyon) 走去。

　　一如所有法國古老城市，里昂的舊城區道路窄小，鋪著磨平光滑的石塊，房屋緊連著相依成排。舊城區通常都是過去中世紀的城市中心，曾有過的熱鬧與擁擠如今仍上演，只是換成一批批的遊客而非居民。

　　儘管這裡是熱門觀光客踩點區，像我這樣到處大聲嚷嚷毫不害羞的觀光客行徑，在路上隨便抓都一大把；但我總感覺里昂有種說不出的質感，不嫌棄這會兒過多庸俗的喧囂，在下個街角馬上感受閒適寧靜，同時又親和力十足，等著人們繼續挖掘低調之下的豐富，跟巴黎驕氣十足的氛圍天差地遠。

　　在舊城區走晃著，沒注意時間的流動，一下就到了晚餐時刻。我們最終決定了一家自帶著濾鏡的里昂餐廳，準備享用地方特色菜。所謂的自帶濾鏡，是那種只有在回憶跟修照片時才會出現的濾鏡模式，每個景象都是模糊朦朧而美麗，犀利的線條都化成不受拘束的輪廓。桌巾是溫暖的象牙白

▲ 這裡是舊城區的里昂主教教堂前廣場 Place Saint Jean。附近一帶都是文藝復興建築，搭個纜車可到 Fourvière 山頂，一覽里昂風景。
▶ Fourvière 山上的古羅馬劇場，觀眾席保存的非常完整，體現里昂曾經輝煌的歷史。

色，黃色調的燈光映在牆上顯出低調的華美氣氛，漂亮精緻的餐具在桌上整齊陳列著，還有許多黑白風景畫如同老舊時光的擺設裝飾，……整體就是夢幻又宜人的用餐格調，堪稱完美。

里昂號稱法國美食之都，端出來的菜色並不是正襟危坐的那種宮廷菜系，而是流露出專屬里昂的優雅。當晚最讓我驚呼的是經典里昂菜 Quenelle，中文名字叫做魚丸，但這個魚丸毫無我想像中的魚丸的那般彈牙。從一開始我就對里昂產的魚丸出現錯誤期待，直到入口後才發現它的口感粉粉、味道樸實、質地有點像蛋糕。Quenelle 是用魚漿跟麵粉混合成蛋的形狀在一塊，以水煮方式作成、並淋著基底的奶油醬

汁，烤過後出餐的食物。它的香味含蓄卻又存在感十足，魚肉包裹著醬汁，吃完一口會想接著一口，因為那餘味，禁不住地讓人想繼續一探究竟。

Quenelle 英文對應的字眼是 dumpling。明明就是水餃，哪來的魚丸呢？大概因為我把魚丸的 stereotype 加諸在 Quenelle 身上，在瞭解事實上這玩意更像蛋糕後，真相大白的驚喜程度，讓這個魚丸躍升到我吃過的法國菜排名前三。

所謂的馴養，或許以肚子是否被滿足的方式來判定，會更容易明白。

時間的堆積 ONLY LYON

C'est le temps que tu as perdu pour ta rose

qui fait ta rose si importante.

正是你在那朵玫瑰上花費的時間，才使你的玫瑰如此珍貴。

後來，我為了參加某個培訓課程，而有機會再去了趟里昂。那次趁著空閑時刻，我晃到聖修伯里的家門前。那感覺好像剛認識了某個朋友般，跟他輕聲打個招呼，就是最適合彼此的一種友好距離。而後透過時間的推移堆疊，讓彼此的距離慢慢拉近。我就喜歡里昂這種不疾不徐的本事。

不張揚的里昂包容了過去到現在，在城裡的每個小地方都銘刻了些什麼。而當時間浪潮來襲，每一點每一滴愈發鮮明的模樣，造就了這座城市之於我的特殊，與小王子建立了更深厚的連結。

聖修伯里故居。

時空轉回到台灣。高鐵總算抵達新竹站。我下了車回到家，放鬆舒適的窩在沙發上，聽了首歌——來自 2015 年發行的小王子動畫電影版、當中的插曲 Equation，作為懷念里昂的方式。

ONLY LYON[2]，獨一無二的你是如此珍貴。

more information
補充

1. 舊城區 (Vieux Lyon)：名副其實里昂最老的區域，Fourvière 山腳一整帶都屬於此區，擁有密集的街道弄坊，靜謐的色系跟風格，是個有韻味的老區。每次來里昂，我一定到這裡走走。

2. ONLY LYON：里昂官方旅遊局的標語，「唯獨里昂」說明里昂的獨特，且稍微玩了一下正著唸或反著讀都通順的文字遊戲。

在你最美麗的時刻

歐洲最乾淨湖泊，安錫湖（上）

在法國的旅遊經驗，我從剛開始精心規畫著去哪個城市看古蹟、賞城堡、逛美術館跟享用地方菜，漸漸地變成以價錢來決定目的地。旅行就只不過是生活的一部分，不需要讓它成為特別。重要的是我的心情，不是我人去了哪裡。當然，人畢竟是要活得實際一點，省錢是更重要的事；而且通常省了錢，踏上旅行的腳步，心情都不會太差。這是一舉兩得的概念。

久仰大名 安錫

那年 10 月初，我拜訪了自己住在法國的最後一個遊玩地，安錫 (Annecy)。安錫位於法國東南方，靠瑞士邊界，離法國第二大城里昂跟瑞士第二大城日內瓦分別只有 1 小時和 40 分鐘的車程。曾聽不少朋友提過安錫，描述著她是個美景如織風光如畫的必訪城市；其中，一個出身安錫的法國友人 Pauline，讓我印象特別深刻。Pauline 在學校念博士班，午餐時間我們經常一起吃飯。某天中午大夥聊起旅行，提到多個在法國南部及東部的城市，其中包括安錫，在那當下我

走經過 Canal du Vasse，隨手拍下這張照片。

才知道原來 Pauline 是安錫人。她悠悠緩緩地說出每個介紹安錫的詞彙，特別講到安錫擁有那座法國最美的安錫湖[1](Lac d'Annecy)，那清澈湛藍的湖水，被她形容的像是她的愛人，言語之間盡是寵溺跟驕傲。

　　帶上了許許多多對安錫的讚美，收拾好自己的心情後，我出發了去見安錫。

　　10 月是天氣漸涼的仲秋時節。出發的前一天，我才在巴黎友人家庭院摘著無花果；也就是說，當時屬於還算涼爽的天氣，不至於太冷。但安錫好冷啊，完全沒有因為到了法國南邊而有暖風吹來，倒感受倚著阿爾卑斯山脈群而有一股涼快感。冷颼颼的空氣往下送，最終送到了這個城市；由於我沒帶太多厚衣服，只好一件件薄外套穿上身，身形發腫也只能認了自己沒做好行前功課。

安錫湖 安錫最美最重要的存在

　　既然安錫湖是遊玩安錫的重點，我們來到這沒別的目的，就是要看安錫湖，而且是以環湖一圈的方式看好看滿。只是，我訂的 airbnb 民宿距離安錫這最熱門的景點頗為遙遠。選擇那家民宿作為棲身地的最重要原因，只是因為有免費腳踏車可使用，讓我們能四處逍遙遊安錫，不必花錢租腳踏車，也不必搭公車好時間等待。這就是省錢之後必須的妥協吧。

　　卸下行李後，我們隨即往安錫湖出發。在正式準備環湖壯舉前，騎到湖邊的我們稍作停頓，除了準備把待會將展開路途的單車道確認之外，我們順道觀賞眼前奇景。那湖水乾淨透澈就不需更多美言了，我所謂的奇景，是看見許多法國人在龍舟上賣力划著槳，還有好幾支搬著龍舟的隊伍，在我們面前走過。如此的混搭文化實在太超現實，而我們大概是當下湖邊僅有的兩個東方臉孔。帶著滿臉問號的朋友向著面前剛搬完龍舟的法國阿姨問到，大夥為著什麼原因聚集在此划龍舟 [2]。

10 月初，我們正好遇上了第 12 屆安錫龍舟節 (le Festival Dragon Boat d'Annecy)。

這絕對是我在法國見過數一數二奇異的事情。法國人把我們的文化象徵拿來認真對待，雖然沒有在粽香味四溢的五月初五端午節划龍舟，是有點奇怪，但更有種說不出的奇幻魅力。文化的影響力，能輕易讓人跨越民族之間的深溝。

環湖一圈 野心跟無知的實踐

　　當天的天氣並不晴朗，湖周圍群山被厚重的雲層籠罩，詭譎未知的天氣看來讓人卻步，但該做的事情，沒有什麼能攔阻。儘管我們從民宿借來的兩台腳踏車只有區區城市單車等級，能否承受長途行車壓力，完全未知；但旅行就只是生

當天出發環湖前，我從老城區望向安錫湖。這個雲層厚厚的讓人有點惴懼。

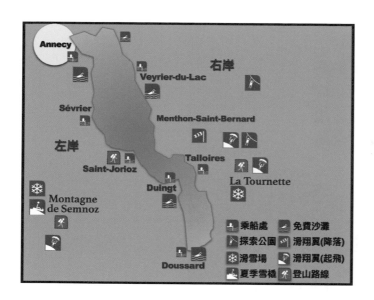

安錫湖四周被多個城鎮圍繞（圖中藍色文字）。環湖計畫首先由
Annecy 到 Doussard；隔天則是 Annecy 騎到 Talloires。當時已入秋，
不適合玩冰涼的湖水，沿途倒不時見到有人玩著滑翔翼。

活的一部分，太小心翼翼就不像在生活了。所以就這樣一無
反顧的騎下去吧，舒暢且痛快。

　　對我來說，整趟騎乘過程像遇到好久不見的朋友那般快
樂。騎著車的我想起了喬治桑的《魔沼》[3]，她筆下的大自然
永遠是年輕、美麗和慷慨的，而眼前的田野風景確實如此。
開闊的景色中鑲嵌玲瓏可人的平房，到處可見的綠色線條閃
閃發亮蓬勃生機，牧場的清新味道像早晨露水毫無保留地養
育每一吋土壤……這一切，滿足了我對法國邊界瑞士風格牧
場的想像。僅僅只是呼吸都感覺甜甜的，再加上一旁清澈寧

湖左岸的腳踏車道，整體來說較平緩好騎。隔一天的右岸路途顛簸，騎的非常累。

靜的安錫湖，整個景物交織在一起，美到我騎車過程不斷驚嘆四周的鄉村風光而無暇好好看路。

我們沒有特別定好路線，彼此有共識地認定，繞湖一圈當然就能回到原點。預估總長約 25 公里路程，計畫兩小時內能騎完。而由於 10 月天黑得早，我們行進的速度一直沒有放慢過，面對美景當前卻要保持速度，這實在是違背內心的拉扯戰。騎了將近兩小時後，總算抵達了湖半圈名為 Doussard 的地區，這才發現沒有路可以往下騎了，將進入自然保護區，不再有自行車道，如果走一般汽車道能繼續完成環湖壯舉，但不夠安全；一來天黑漸漸變黑，再來恐怕山路蜿蜒。

兩人面面相覷，不得不做決定，騎原路回家吧。這大概就是平時生活不練習凡事規劃的下場，落得出遊計畫一改再改毫無組織。最終，我們再花了一個半小時飆車回到起初環湖的起點，到了住處後一查之下，才曉得原來腳踏車路線的半湖來回總共 32 公里。這不經意的壯舉莫名地登上我近年來騎最長路程的前三名。

　　說真的，以城市腳踏車瘋狂奔馳非常累人，座椅不舒適就算了，隔天從屁股一路痠痛到大腿肌肉，我已經好久沒有因為過量運動而有這樣的痠痛感。那煎熬程度必須繼續騎車將湖邊風光收在眼底，以抵銷折磨人的疼痛；我想，就是所謂的以毒攻毒吧。

補充

1. 安錫湖 (Lac d'Annecy)：安錫湖有歐洲最乾淨湖泊的封號，但在 1960 年代前，這裏曾是個長滿藻類的優養化湖泊，四周城市將污水全排到湖中，造成嚴重的水污染。如此醜態在 1957 年後開始好轉：1957 年，當地聯合了多個城鎮、成立了 SILA (監督污染處理的跨區機構)，建設廢水收集處理，並禁止廢水的排放。從此之後，安錫湖的水只來自雨水、雪水和泉水。

2. 安錫龍舟節 (le Festival Dragon Boat d'Annecy)：法國最大的划龍舟節，在每年的 10 月於安錫舉行，參加人數經常超過 500 人共襄盛舉。

3. 魔沼 (La Mare au diable)：喬治桑的著作，敍述在田園裡生活的農夫，尋覓找尋著戀愛對象的過程。她筆下的法國鄉村純真恬美，浪漫旖旎。

Paris : imagination & réalité

在你最美麗的時刻

歐洲最乾淨湖泊，安錫湖（下）

我們在湖左岸的小徑，趁著天黑前趕路騎車回住處的途中，我驚鴻一瞥了安錫 Annecy 的指示標誌，字底下有著四朵花。那可不是隨便的城鎮都有的標示，是需要經過正式官方認證，經過評比後才能擁有的花朵。

在法國，這是個名叫鮮花城鎮大賽 [1](Concours des villes et villages fleuris) 的城鎮評比。城鎮摘下多少朵花的頭銜，是根據鎮上的綠化程度、自然環境維護、以及當地政府機關的綠化政策等等而得。經過了嚴苛的評比後，參賽城市最後得到 1 至 4 朵花不等的榮譽；拿到最高榮譽 4 朵花，反映了城鎮的高生活品質和維護自然環境與人共存的市容景色。

法國人對地方認同感是很熱切追逐的。像給花朵這樣的評比，無形之中增加了居民對自身居住環境的重視程度，並且對自己的出身地感到驕傲。這有點類似法國貴族一長串的名字，裡面常包括了某地名 (nom de terre)，一看便知他們來自哪裡，提醒著自身應看重的文化傳統。到了現代，用評選花朵的方式，把個人在意的事物擴大到對所居住的土地，加深個人對地方的認同感，從而提升整體環境的生活品質。

去 Talloires 途中，看到不少人玩著滑翔翼。

因為愜意 自然安息

　　隔一天，雖然我們倆全身痠痛到一度不想再坐上腳踏車，但環湖看好看滿的目標，沒有什麼理由放棄。終究在時間有限下，我們征服了湖右岸全長三分之二的地方，抵達了古著小城 Talloires。扣除不能騎腳踏車的自然保護區和右岸最後一段路外，我們幾乎已完成環湖。估計兩天下來，我們共騎了近 80 公里。對於很久沒有大量運動的我來說，這紀錄短期之內應該很難被打破。感謝我自己，打從一開始就嚴重低估了安錫湖的大小，因此得以無知的心促成一場天真爛漫的環湖計畫。

清澈湖水是安錫給人們最美好的恩惠。

　　短短四天的旅行，我用寧靜而足夠的速度，瀏覽了安錫湖和沿途古味十足的小城鎮，非常非常滿足。所騎過的每一處，帶給我的感官愉悅，都因著緩和的步伐，得以慢慢消化品味。或許，這是我在歐洲遊玩幾乎沒有想過要租汽車的原

因之一吧。開車或許快速而有效率，但在一地與另一地之間，往往可能因此少了路途中與美好環境對話的機會。平衡的身心理健康狀態，需要足夠的時間來養成，從來無法用趕場打卡高效率的方式，以為健康在旅行清單上也記了一筆。

幸好，我在巴黎的生活一向與效率無關，所以外出旅行時，從沒想過要以不符合自己的日常去規劃旅程。

擁有四朵花認證的安錫，是我見過擁有最透澈河水湖水的城市。能夠親眼目睹、做為我劃下在法國生活的句點，真心感到幸福無比。好像安錫盛開的花在我心已連綿成一片花田，跟著我一起走。

補充

1.　鮮花城鎮大賽 (Concours des villes et villages fleuris)：鮮花城鎮大賽的出現，起初是因旅遊氣息漸盛，政府機關開始重視花卉園藝美學和綠色空間、以至於整體居住空間的規劃，進而舉辦這樣的比賽。大賽沒有名額限制，不存在與其他城鎮搶名額的情況；拿下 1、2 或 3 朵花，都由城鎮的所在省份 (département) 及大區 (région) 頒發。而當中最優的城鎮，可再上提到國家委員會，評比是否能得到 4 朵花最高榮譽。全法總共有 235 個拿到四顆花的城鎮，像是坎城 (Cannes)、亞眠 (Amiens)、布盧瓦 (Blois)、沙特爾 (Chartres)、南錫 (Nancy)、聖馬洛 (Saint Malo) 等等。

Paris : imagination & réalité

坎城影展筆記

坎城比影展更迷人

　　每年坎城影展開幕前，發表的海報總是能夠引起話題。那年第 70 屆坎城影展，一個月前官方按照慣例準時公佈了影展海報，馬上引起了激烈爭論，大肆批評圖片中的女星被修圖：原本自然體態的她，修成了更模特兒身材，包括更纖細的腿、手臂並配上瘦腰。

　　我一直以為，修圖是所有明星拍攝平面照之後的基本處理流程，有這麼值得放大檢視嗎？讓我更感興趣的是海報背景，那不上不下的紅色，看起來很不安定，好想幫它調整飽和度。但似乎沒有人理會那個紅，議論的全是被修改的女性身材。

　　一張影展的官方海報就被大家檢視地這麼仔細，但它可不是什麼海報展或平面視覺展，明明是個電影展啊。這張海報引出的新聞可以輕易站上版面延燒多天，足見媒體跟影迷有多期盼這即將要來的影界大事。

親眼見你 坎城影展

坎城影展讓人對坎城這城市充滿幻想。我曾經深以為，坎城是個華麗到令人眼花撩亂的國際都會。畢竟要款待全球各地、帶上龐大資本為著影展而停留坎城的電影人，它當然必須是個耀眼的海邊大城，迎接每一次的閃光燈齊發、每一次的千萬新聞稿訊息量，為的都是藝術電影最高殿堂之一的坎城影展。

總之，媒體報章中的影展亮麗奪眼目，差不多就是我想像中的坎城。直到 70 屆的前一屆，當我總算親自踏上這座藝術電影重量級影展的主辦城市，即便我的停留很短暫，但已足夠將過去來自媒體的印象和認識都拋光光。

那年五月天，我們搭乘高速列車 (TGV) 準備拜訪坎城。出了車站後，穿越了幾條窄窄的街道，我一路異常亢奮地走著。不到 10 分鐘便到達海邊，看到掛上了 69 屆電影節海報的節慶宮 (Palais des Festival)。眼前節慶宮果然如傳言般普通，但不論如何，來到這還是要沾一下影展的風光。走近節慶宮前，我看到有人伺機兜售當晚的電影票，有人正排隊進去，有人像是經營明星的經紀團隊，還有不少穿著風騷豔麗像是模特兒的高瘦女子。而由於法國當時接連發生恐攻事件，因此還有警察在場外處處可見，更別說有多少便衣警察隱身在人群之中。另外，有很多很多跟我一樣喜歡湊熱鬧的路人，走來又走去。

◀ 坎城街景，離不開電影。　▶主辦坎城影展的節慶宮是個無聊平凡的建築物。

　　放眼望去，影展的熱鬧氣氛大概在節慶宮方圓 800 公尺內，出了這段地帶後，空間就開闊了。若以台灣人的角度看，影展影外的地區，甚至可以說是人煙稀少。確實，從面積及人口來說，坎城是個小再加上小的小城市。坎城的行政面積不過 19 平方公里，比我的家鄉竹東 53 平方公里來得小許多；而人口密度相當於竹北市的人口密集程度 (台北市的一半)。簡單的比較讓人稍微想像，法國人選了如此小村舉辦國際級電影節，這般自信跟企圖，台灣大概永遠做不到。

　　坎城影展的成功，說明了承接大型活動的地點不需要夠大，才撐得起國際這個字眼，不需要夠現代的城市，才能做大格局的文化藝術交流。

坎城影展跟坎城 兩個世界差很大

　　我們在海岸邊沾染影展氣息一陣後，便離開轉而走進小街巷，體會最真實樣貌的坎城。路上不經意看到幾處牆壁畫著與電影有關的牆壁藝術畫，像是攝影家和拍戲片場等。

　　5 月的南法比巴黎溫暖許多，令我深深認同法國官方在近 80 年前挑中坎城作為舉辦影展地點的決定。選擇在如此氣候舒適的地方辦影展，好像影展就成功了一半。不論是放映

活動或是藝術交流等等，在藍天白雲好天氣下進行著，每個人都被南法陽光曬的澎澎、享受暖洋洋的夢，好像電影界的好事，都正在坎城發生中。

　　我走在坎城影展的海岸，電影圈離我既近又遙遠。身為全球最大電影市場交易集中地，此刻正忙碌地產生新的訂單；視電影如命的藝術創作者，他們從電影夢中被拉回到現實，與商業世界達成某種程度的妥協。夢清醒了，但仍希望藝術終究能在坎城影展中繼續被溫柔的對待著。那就是我感受到的好事。

蔚藍海岸就在我眼前

坎城影展給我的驚喜大概說完了，因為電影菜鳥如我也只能觀察到以上的皮毛。奢華飯店、海上派對遊艇、私人海灘等等主要為應著影展及度假需求而生的周邊活動產業，不是我能夠就近瞭解的。但可以肯定的是，坎城本身帶來意想不到的落差趣味，已非常足夠。

　　事實上，如果走在日常的坎城小街巷裡，一定安靜到有點寂寥。這個城市的市中心非常小，延伸出去的道路並不寬闊；除了舉辦影展的節慶宮，及海岸邊有人聚集外，其他安靜的角落，讓人覺得好像只是另外一個平常日的小鎮風光。可以想像一年中，扣除影展時期、再扣除很多人到南法度假的夏天時期之後，坎城就是個無聲無息的寧靜城市。

　　走在坎城靜謐的街道，看著他們跟不遠處閃亮耀眼的影展相安無事共存，藝術就存在生活角落中，驚奇就在每個時光流逝的當下。影展是給參與電影產業的投資者共襄盛舉的舞台，而坎城本身的舞台是給那些閒適過日子的居民。

　　即便在熱鬧辦影展的此時此刻，坎城的生活步調沒有被打亂，反而更凸顯它的深度。坎城在 19 世紀前都還是個小漁村，發展成現今的度假城規模不過百年，很多舊時光才有的慢步調都保留著；慢慢點菜慢慢吃飯，天還亮著小店差不多準備打烊……時間靜靜地流逝，就像混著橡木桶氣味的陳年紅酒，那餘味繞唇的無花果香，光是聞到我就醉了，迷人的濃郁甘甜讓人不願醒來。

　　在坎城就待了這麼一天。傍晚，我們搭區間車到尼斯住上一晚，繼續享受蔚藍海岸的步調氣息。坎城不需要影展才襯托出它的特別，坎城本身比影展更加迷人。

從山頂的城堡博物館 (Musée de la Castre) 俯瞰坎城的海港。

Paris : imagination & réalité

葡萄牙歷險記

曬太陽之社會心理流行病學調查

　　烈日之下的暑假，是歐洲人瘋狂追逐太陽的季節。夏天的巴黎，經過公園一定會看到在陽光底下享受曝曬的法國人，他們併排躺著，像是一條條掛鉤上的魚隻，曬夠了就翻面，任陽光恣肆刺射。炎炎夏日，除了想起巴黎各公園不分男女老少的裸露畫面迴盪在我腦海中，也禁不住想到了幾年前的葡萄牙歷險。

空前絕後 放逐曝曬之旅

　　那年的葡萄牙之旅正是仲夏時節，是我在歐洲感受過最炎熱的天氣。南歐度假的印象是無止盡的陽光、海灘跟小麥膚色；這樣的介紹似乎有點表面，但請相信我，身在法國時，腦袋真的會直線思考如法國人對夏天到南邊度假的期待。悠遊南歐假期之中，只有「給我陽光就有度假」的概念，其他的論述都是多餘。

　　回顧在歐洲的旅遊經驗，這趟葡萄牙七日南北行，絕對稱得上最特別的一次。事先我除了訂好住處、把必須要探險的歐洲前十大海灘之一放入行程外，剩下的是零規劃。所謂

葡萄牙第一站在 Faro，舊城區的氛圍慵慵懶懶。

葡萄牙處處可見隨遇而安的
殘缺美。

的零規劃，具體實踐是到了城市後開始閒晃，時間到了找適合的地點覓食去，吃完繼續晃遊直到晚上回 airbnb 住處休息，隔天找客運搭乘到下個目的地，然後繼續閒晃。光看這一段敘述，都已經覺得我有夠廢。

經歷這一切之後，意外發現我對於放空還是有個底限。毫無想法地飄盪在城市裡，實在令我侷促不安。因此當有人問我葡萄牙好玩嗎美嗎，這問題一時之間還真難回答，因為我走過的痕跡實在是淺到什麼都沒留下。幸好，至少還有海軍海灘 (Praia da Marinha) 作為我葡萄牙歷險記的一大賣點。

在野性原始美的海軍海灘 遇見文化束縛

海軍海灘為歐洲十大最美沙灘之一，是行前我們唯一討論的景點，它以完全無異議之姿成為我們在葡萄牙必須佇足之處。那天從法魯[1](Faro) 搭著客運，抵達靠海軍海灘最近的

城市 Lagoa 後，我們攔計程車往海灘去。我只記得，眼前的景象已熱到冒煙，炙熱的午後讓人眼前昏黑。

用盡最後氣力，在瀕臨熱暈的情況下，我們終於抵達海灘。待在巴黎太久，我已經好一陣子沒有親近海洋，覺得既感動又激動。儘管非常多人在海灘上或岸邊游泳，但整體而言，海邊仍然乾淨而原始，散發舒服的清爽海味，毫無過度開發的人工味。

在冰冰涼涼的大西洋游了一陣後，我們沿著白色海灘往岩石邊探險，走向被大海洶湧浪濤打擊成各個奇珍異石的地帶。原本是平靜蔚藍的大海、轉眼之間就是險峻的峭壁懸崖，兩者相連著而差異極巨大，這就是海軍海灘獨一無二的奇景。停靠在石灰石崖壁下，我從洞穴中望向海洋，被壯麗而細膩的美環繞著，時間在這一刻好像也為她而傾心醉倒，靜止不動。人生必須踏上的海灘，莫過於此。

我邊走邊游回到海灘上，感到疲累想休息下，全身裹著毛巾作為遮陽用，癱坐在沙子上等待被曬乾。在我身旁有位躺著裸上半身的年輕男生，感覺是從北方來度假的歐洲人，姑且叫他北歐男吧；我剛坐下沒多久，正巧見證了北歐男曬太陽的流程。他把自己的短褲往骨盆下拉一點點約莫 5 至 8 公分，露出了還沒有曬過的腰部白肉。跟他上半身曬過略焦的紅肉兩相比較，完全不像出自同個人身上。

看到那焦焦的紅肉，不誇張，我瞬間內心想到的是 DNA 斷裂、細胞死亡、組織損傷、表層脹痛。以我曬傷過的經驗，當皮膚已經曬成紅焦色，絕對痛到一個不行。北歐男怎麼還能忍耐繼續曬下去？只能説一定是因為有什麼壓力催逼著他吧。或者這是個被制約的行為，讓他已喪失思考跟判斷能力。

曬太陽與否 由誰拿捏

　　看著這位暴露在太陽高強度輻射下的北歐男，令人無法不去思考，曬太陽背後的意義。喜歡或厭惡曬太陽的兩種極端選擇，出自於對膚色截然不同的文化審美觀；而社會文化的主流價值，往往由顯著身分地位的人決定。以法國來說，過去有錢有勢的上流人士帶動了度假風潮，度完假的他們，帶著深膚色回到城市，直接用顏色說明他們是有能力享受的人們，而非沒日沒夜工作、一身蒼白膚色的勞工族群。當然，現今法國社會檯面上已沒有明顯的階級意味，不過夏天必須要曬黑仍然是真的。至少我的法國同學們，過了暑假開學返校再見面時，各個都曬成小麥膚色。

　　但凡事都有例外。我曾跟一位來自馬賽的法國女生閒聊，剛好提到曬太陽的話題，她說她非常不愛，我當下很是吃驚。從白人口中聽到不喜歡曬太陽，真的很奇怪。搞半天這才發現，曬不曬太陽也是個 stereotype。

　　台灣的夏天很長，然而我從來沒有聽過朋友間集體相約的活動，是純粹為了曬太陽而去曬太陽。與其說皮膚病變、曬傷、老化等過度曝曬造成的生理影響，追根究底的原因是台灣社會文化觀感使然，白皮膚可以遮三醜的說法從沒變過。在歐美城市的路上，看到撐傘遮陽的永遠是東方人、包括台灣人，因為曬黑了不好看。除非哪天黑人文化強勢抵台，或是戶外運動風氣愈來愈盛，又或者台灣勞工擁有的假期變長變多、帶動海灘度假風潮，也許就有可能破除大太陽底下撐傘就是華人的 stereotype。

海軍海灘跟 Faro 位於葡萄牙南邊的 Algarve 大區，整區都是度假勝地。

由於地理位置或歷史人文因素，曬出一身古銅色肌膚，從而成為一種身份象徵。只能說做人真難啊，曬個太陽都要深思熟慮。因此，雖然曬傷很痛，但基於文化壓力，基於想要享受度假後令人稱羨的色澤，我勢必得忍耐曝曬換來漂亮的小麥色，贏得別人以稱羨甚至帶著讚美的口吻，說出「哇喔 Esther，你去了趟海邊度假唷」。

不。我才不做這種事。或曬或不曬，由我自己決定。在葡萄牙的海軍海灘上，我為這位北歐男面對社會文化束縛而生的心理肩負，深深感到哀悼。

隨手拍出如同專業旅遊網站的封面美照。

more information
補充

1.　法魯 (Faro)：法魯是葡萄牙南部 Algarve 大區的首府，南歐非常知名的度假勝地。當初選定它為葡萄牙之旅的第一站，單純只是因為這裡有座國際機場，可從雷恩直飛抵達。作為一區首府，法魯更像是遺落在舊世界的濱海老城，寧靜而遺世。小小的城市規模，藍藍的天空加上沉靜的海洋，真的很適合度假放空。

Paris : imagination & réalité

不專業城市筆記

巴黎 vs. 倫敦

　　我終於到倫敦玩了一趟。

　　有很長一段的時間,我對英國毫無任何好感。後來隨著一次次身邊的朋友們提到英國大小事,讓我那沒理由的排斥,慢慢地瓦解。因為認識了一些人,我狹隘的心胸總算稍微擴大,而終於能心平氣和地欣賞著倫敦的輪廓。古人說,讀萬卷書,行萬里路。原來更重要的是,行路前得先認識對的朋友,才有可能斬除心中如荊棘的成見,踏上旅途。

　　遊玩倫敦一週的過程中,我無法克制地一直拿巴黎出來比較。或許是因為這兩個城市無處不競爭吧,於是我也想記錄個人的不專業比較心得。與其抒發心情寫著純粹的感受,我更想把焦點只放在城市衛生,特別著重在城市行走經驗及愉悅程度的比較。

倫敦國家美術館，正好
門面整修中。

地鐵環境 倫敦勝

　　巴黎地鐵是我自在穿梭於這座城市的必要之惡。臭氣連
綿是巴黎地鐵車站跟車廂的代名詞，那股惡臭無法用單一味
道形容：尿味、腐敗雞蛋味、陰溼味、酸臭味等等；加上一
天到晚停駛（有人掉進軌道、有不明包裹、施工中或罷工），
搭地鐵真是考驗耐心的難題。不要再覺得巴黎美而夢幻了，
這才是真正的巴黎。

　　倫敦地鐵相對明亮乾淨，沒有那麼多複雜味道；月台很
窄，死角沒那麼多，不利遊民居住，相關單位在整治管理上
比較容易。然而，倫敦地鐵月台與車子間的間隙時高時低，
這等詭異設計，讓人進出車廂真的需要 mind the gap。

　　前陣子，倫敦地鐵上了幾次報紙新聞，其中一則是關
於倫敦地鐵內的糟糕空氣品質。作為全世界最古老的地鐵系

統，整個環境沒有空調也算是可以預期的，導致空氣非常不流通是必然的結果。過時的交通設備，當然不可能符合顧及大眾健康的標準，再加上當初地鐵的開通與設計，主要服務的對象是眾多的城市勞工，健康這件事，排在很後面。因此，結果指出糟糕的空氣品質，似乎不算是太意外的事。當中還提到，地鐵的空氣污染程度超過在私家車內的 8 倍。乍看之下是個非常負面的結論。

巴黎地鐵在兩個月前，也因為一份 20 年的地鐵研究報告而被指責有嚴重的空氣污染問題。同樣是古老的地鐵系統，同樣使用老舊的軌道跟車廂，此研究報告一登出，許多人深感共鳴，同樣引起廣泛討論。

雖然以上兩則巴黎與倫敦的地鐵研究，都提到地鐵內部的空氣品質差；但地鐵本身帶來的效益，的的確確可降低城市整體的空氣污染量。當中沒什麼大道理，這完全可預見：使用地鐵的人口上升，市內開車的比例當然一定下降。我倒是認為比較倫敦地鐵車廂和私家車輛的空氣品質，實在不公平啊。地鐵車廂內多少人次進進出出，加上老舊地鐵沒空調，隧道裡的空氣累積大量地鐵與鐵軌摩擦後的空氣微粒；而承載人數至多 5 人的私家小客車，是個封閉又有獨立冷氣的空氣循環環境。兩者比較出的數字有什麼意義嗎？

乘車價錢 巴黎勝

眾人皆知，倫敦的交通費超貴，我也深深領略到了。在倫敦遊玩時，我住在位於倫敦 zone9 的阿姨家，屬於倫敦最外圈；當時買穿梭整個倫敦的一週票，要價 89 英鎊，在巴黎的話，購買同樣可穿梭整城的月票，要價 73 歐。

這差別我再列出一次：大倫敦一週 89 英鎊跟大巴黎一個月 73 歐。倫敦連搭個交通工具都要歧視窮人嗎，這等於一個月倫敦比巴黎多花了新台幣約 11,000 元交通費（以 1 英鎊匯率為 38 塊台幣、1 歐元匯率為 34 塊台幣計算）。

倫敦交通費何來如此貴？換個方式來問：為何巴黎地鐵票價便宜這麼多？這主要是因為政府的資金補助。借用 farebox recovery ratio 解釋倫敦跟巴黎的交通費差距，為何如此巨大。Farebox recovery ratio 指的是票價收入佔營運支出的比重，當比值大於 1，代表票價收入完全可涵蓋營運費用，不需政府的交通補助經費。做個粗略的假設，若某位乘客搭乘香港地鐵，花費 1 塊港幣買車票乘坐，而這趟旅程的交通營運花費是 4 塊港幣，則此比率為 0.25。

倫敦的 Farebox recovery ratio 是 1.32，巴黎是 0.3。這當中的差異是指巴黎地鐵的營運，受到了巴黎市政府大幅度的經費補貼，使營運支出不需要完全反映在票價上，政府負責吸收。另一方面，也代表倫敦地鐵有較為良好的營運情況，

某天晚上我去 Notting Hill，逛逛
二手店，吃點東西喝杯咖啡，回溫
對電影 Notting Hill 的記憶。

更真實呈現城市公共交通所需的營運支出。但如果就公共利益的前提訂定票價，我個人覺得倫敦地鐵高不可攀，實在很不親民。

道路衛生程度 倫敦勝

在巴黎街頭，走沒幾步路就有垃圾桶，但路況仍然很髒，只有富人區或是比較受重視的觀光區，道路維持的較乾淨。可是我明明看過很多次認真清掃街道的巴黎市政府清潔大隊，總覺得，這其中一定有什麼道德問題。而在倫敦街頭，垃圾桶有點難找；在路上我想丟垃圾，但最後手上的垃圾一路跟著我好久，怎麼樣都丟不掉。不曉得是他們為避免炸彈放置在垃圾桶而出此招，但即便垃圾桶放置的少，倫敦還是比巴黎乾淨些。

巴黎是人口密度最高的歐洲都市，或許可部分解釋為何她如此骯髒欠衛生，居民的衛生習慣，大概是最主要的原因。應有的衛生教育不足夠，又不把環境的衛生當作重要事，外地人想要不效仿都難；破窗效應的結果，最後就變成了一個人人喊髒的都市。

馬路景觀 巴黎勝

馬路景觀純粹為個人偏好，與健康無關。純就街頭建築設計和街道景觀談論，由於巴黎倖免於近代戰爭摧毀，歷經 19 世紀的奧斯曼城市大改革使得城市面貌統一，顏色和諧，懷舊或美好時光的優雅處處可見。這是座老舊而有韻味的城市，越看越迷人；但住久難免憂鬱，因為無害灰白色及褐色

建築配上爛天氣，很悶。去問問住過巴黎的人，必定提到她抑鬱的陰天；過於一致的街頭風景，最後實在很難不染上巴黎的憂鬱。

倫敦的動盪比較多，包括 20 世紀的世界大戰，房子的建造時代不一，造成的又新又舊，難免感到雜亂。但雜亂偶爾是個優點，因為跳躍的視覺影像跟不重複的外觀，視覺不容易麻痺而造成對倫敦的熱情枯萎。至於倫敦的天氣，也是不遑多讓的糟；幸好倫敦有紅磚給人衝突美感，即使天氣陰鬱，至少還有紅色能活化環境。

儘管倫敦街道比較有活力，我終究還是更喜歡巴黎。不是出自於經典或美感，或任何其他難以言傳的厲害原因，只是因為我的偏心。再怎麼看巴黎不順眼，她就是那樣地獨一無二。

巴黎 無可取代

巴黎與倫敦之間的城市比較，並非我刻意的找尋，而是在放鬆晃遊、單純感受倫敦的模樣後，不斷想起巴黎的生活日常，因而記錄下這些小收穫。看巴黎有種恨鐵不成鋼的擔憂感，看倫敦有種驚喜不斷的刷新存在感；然而，巴黎就像是我的家，倫敦終究只是個旅遊的地方。

倫敦處處有著貴族皇室的高雅氣質，同時擁有次文化蓬勃充滿活力的地方如肯頓市集 (Camden Town)；或走上倫敦塔橋 (Tower Bridge) 欣賞泰晤士河的壯麗、走近聖保羅大教堂 (St. Paul's Cathedral) 感受英倫風格的莊嚴高貴、沉醉於查令十字路 (Charing Cross Road) 一帶的文青氛圍等等流連忘返的街區。但在巴黎，僅僅只是身在悠長的無名小巷裡，我安心的步伐不論走到哪裡，全都已是目的地。

海明威曾説，巴黎是一席流動的盛宴；離開了巴黎，巴黎仍會永遠跟著你。在我的城市筆記裡，寫下關於對巴黎的想像與真實，發現了影響著生理健康與心理情緒的事物，才曉得那一場巴黎饗宴，並非總是讓人胃口大開。然而，巴黎是永遠跟著我的宴席，充滿著我個人太多的私心厚愛。

　　或許，下次該請朋友寫城市筆記，平實地記錄所行的足跡，再跟我説説巴黎跟倫敦的糾葛。但我想，依舊會得到同樣的結論。

　　無可取代的巴黎。

在巴黎左岸拉丁區，聖日耳曼德普雷修道院教堂 (Abbaye de Saint-Germain-des-Prés) 旁。

Paris : imagination & réalité

釀旅人50　PE0182

 巴黎的想像與真實
公衛女子的生活觀察札記

作　　　者	陳凱潔
責任編輯	喬齊安
圖文排版	蔡瑋筠
封面設計	蔡瑋筠

出版策劃	釀出版
製作發行	秀威資訊科技股份有限公司
	114 台北市內湖區瑞光路76巷65號1樓
	電話：+886-2-2796-3638　傳真：+886-2-2796-1377
	服務信箱：service@showwe.com.tw
	http://www.showwe.com.tw
郵政劃撥	19563868　戶名：秀威資訊科技股份有限公司
展售門市	國家書店【松江門市】
	104 台北市中山區松江路209號1樓
	電話：+886-2-2518-0207　傳真：+886-2-2518-0778
網路訂購	秀威網路書店：https://store.showwe.tw
	國家網路書店：https://www.govbooks.com.tw
法律顧問	毛國樑　律師
總 經 銷	聯合發行股份有限公司
	231新北市新店區寶橋路235巷6弄6號4F
	電話：+886-2-2917-8022　傳真：+886-2-2915-6275

出版日期	2021年1月　BOD一版
定　　價	390元

國家圖書館出版品預行編目(CIP)資料

巴黎的想像與真實：公衛女子的生活觀察札記 / 陳凱
潔著. -- 一版. -- 臺北市：釀出版, 2021.1
　　面；　公分. --（釀旅人；50）
　　BOD版
　ISBN　978-986-445-431-0（平裝）
　1.人文地理 2.旅遊 3.法國巴黎

742.7185　　　　　　　　　　　　　　109019058